초등
영어듣기평가
완벽대비
Listen & Speak Up

5-1

구성과 특징

효과적인 활용법

이 책은 어떤 내용들로
이루어져 있을까요?
구성에 따른 특징과 효과적인
학습 방법을 알아봐요!

WARM UP | 어휘로 예습하기

듣기평가 모의고사에서 접하게 될 핵심 어휘들을 예습해 봅니다. 어휘들의 소리부터 의미, 철자까지 미리 공부하고 이 어휘들을 이용해 주어진 우리말의 의미를 완성하는 문제까지 풀어 보면서 듣기평가 모의고사를 풀어 볼 준비를 해 봅니다.

이것만은 꼭!

A, B 문제를 다 풀고 나서 단어, 어구, 문장을 큰 소리로 읽어 보세요. 읽을 수 있다면, 듣기평가 모의고사 문제를 풀 때도 잘 들을 수 있답니다.

LISTEN UP | 문제 풀며 듣기 집중력 강화하기

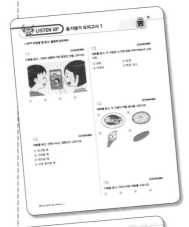

듣기평가 모의고사

실전 문제를 풀어 보며 다양한 문제 유형을 경험하고, 문제를 풀기 위한 기술을 익힙니다.

이것만은 꼭!

문제를 틀려도 괜찮아요. 틀린 문제는 여러 번 들어 보면서 어휘와 표현을 학습하면 된답니다.

실력 높여 보기

듣기평가 모의고사보다는 조금 어려울 수 있지만 더 긴 문장, 더 많은 내용이 담긴 문장들을 들어 보면서, 여러 가지 정보를 정확히 이해하고 문제에서 요구하는 답을 찾는 능력을 기릅니다.

이것만은 꼭!

문제가 어렵게 느껴질 수 있지만, 어렵다고 포기하지 마세요. 조금 긴 문장도 반복적으로 여러 번 듣다 보면 소리가 잘 들리고 내용이 잘 이해되는 순간이 온답니다. 천천히 실력을 높여 보도록 노력해 봐요!

JUMP UP | 받아쓰기로 복습하기

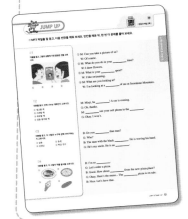

받아쓰기 활동을 통해 듣기평가 모의고사 문제에서 들었던 다양한 표현과 어휘들의 소리를 복습하고 익혀 봅니다. 받아쓰기 활동 옆에는 앞에서 풀어 봤던 듣기평가 모의고사 문제가 미니 사이즈로 구성되어 있어서, 다시 한번 문제를 풀어 보면서 문제의 유형을 파악하고 복습해 볼 수 있습니다.

이것만은 꼭!

받아쓰기를 하면서 한 번에 완성하지 못한 빈칸은 여러 번 반복해서 들으면서 하나씩 완성해 보세요. 철자를 몰라서 쓰지 못했다면 어휘 복습을 한 뒤에, 다시 한번 시도해 봅니다.

FLY UP | 통문장 받아쓰기로 실력 높이기

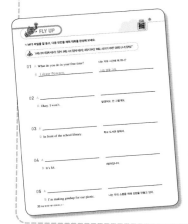

의사소통을 위한 주요 표현 및 핵심 문장들을 듣고 받아쓰는 연습을 합니다. 정확히 소리를 식별하고 내용을 파악함과 동시에 긴 문장을 듣고 쓰면서 문장 속 주요 표현에 익숙해집니다.

이것만은 꼭!

통문장을 쓰는 것이 어렵다면, 여러 번 들으면서 조금씩 나누어 써도 좋습니다. 꾸준히 하다 보면, 통문장을 쓰는 것에 익숙해질 거예요.

SPEAK UP | 말하기와 쓰기로 영어 어순 체득하기

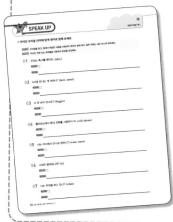

주어진 우리말 의미에 맞게 바로 말해 본 후, 글쓰기 과정을 통해 생각을 정리하고 영어 어순을 체득합니다. 단순한 말하기와 영작이 아니라, 주어진 단어들을 알맞은 순서로 배열하거나 단어들을 이용하여 문장을 완성하는 과정을 통해, 쉽고 자연스럽게 영어의 어순을 습득합니다.

이것만은 꼭!

쓰기 활동을 먼저 하면 안 돼요! 말하기 연습 후, 마지막으로 글쓰기로 정리해야 해요!

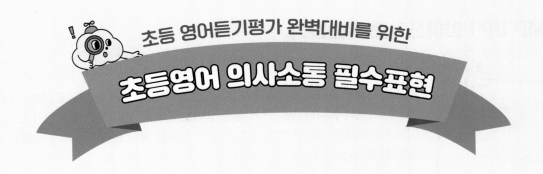
초등 영어듣기평가 완벽대비를 위한
초등영어 의사소통 필수표현

개인 정보 묻고 답하기	A: Where are you from? 너는 어디 출신이야? B: I'm from Canada. 나는 캐나다에서 왔어. A: What grade are you in? 너는 몇 학년이니? B: I'm in the sixth grade. 나는 6학년이야.
좋아하는 것 묻고 답하기	A: What's your favorite subject? 네가 가장 좋아하는 과목은 뭐니? B: My favorite subject is music. 내가 가장 좋아하는 과목은 음악이야. A: What season do you like? 너는 어떤 계절을 좋아하니? B: I like spring. 나는 봄을 좋아해.
일상에 대해 묻고 답하기	A: What do you do in your free time? 너는 여가 시간에 무엇을 하니? B: I listen to music. 나는 음악을 들어. A: How often do you exercise? 너는 얼마나 자주 운동하니? B: I exercise four times a week. 나는 일주일에 네 번 운동을 해.
위치 묻고 답하기	A: Where is the library? 도서관은 어디에 있나요? B: It's next to the post office. 그것은 우체국 바로 옆에 있어요. A: How can I get to the museum? 박물관에 어떻게 가나요? B: Go straight and turn left. 곧장 가서 왼쪽으로 도세요.
가격 묻고 답하기	A: How much is this hairpin? 이 머리핀은 얼마인가요? B: It's three dollars. 그것은 3달러입니다. A: How much are these shoes? 이 신발은 얼마인가요? B: They're fifty dollars. 그것은 50달러입니다.
외모 표현하기	A: What does she look like? 그녀는 어떻게 생겼니? B: She has short curly hair. 그녀는 짧은 곱슬머리를 가지고 있어. A: Where is your little sister? 너의 여동생은 어디에 있어? B: Over there. She's wearing glasses. 저쪽에 있어. 그녀는 안경을 착용하고 있어.

직업과 장래 희망 말하기	A: What does your father do? 너의 아빠는 무슨 일을 하시니? B: He's a police officer. 아빠는 경찰관이셔. A: What do you want to be in the future? 너는 장래에 무엇이 되고 싶니? B: I want to be a painter. 나는 화가가 되고 싶어.
바라는 것 묻고 답하기	A: What do you want to do? 너는 무엇을 하고 싶니? B: I want to go to the beach. 나는 해변에 가고 싶어. A: What would you like to have? 너는 무엇을 먹고 싶어? B: I'd like fried rice. 나는 볶음밥을 먹고 싶어.
증상 표현하기	A: What's wrong? 어디가 안 좋아? B: I have a headache. 나는 머리가 아파. A: I have a toothache. 나는 이가 아파. B: You should go to the dentist. 너는 치과에 가 보는 것이 좋겠어.
과거의 동작 묻고 답하기	A: What did you do this summer? 너는 이번 여름에 무엇을 했니? B: I visited my grandfather's. 나는 할아버지 댁을 방문했어. A: Who wrote the book? 누가 그 책을 썼니? B: Hemingway did. 헤밍웨이가 썼어.
미래의 동작 묻고 답하기	A: What will you do this winter? 너는 이번 겨울에 무엇을 할 거니? B: I will join a ski camp. 나는 스키 캠프에 참가할 거야. A: What are you going to do this afternoon? 너는 오늘 오후에 무엇을 할 예정이니? B: I'm going to see a movie. 나는 영화를 볼 예정이야.
충고와 제안하기	A: You should wear a helmet. 너는 헬멧을 착용해야 해. B: Okay, I will. 응. 그럴게. A: How about going on a picnic? 소풍을 가는 건 어떨까? B: That's a good idea. 그거 좋은 생각이야.
이유와 의견 말하기	A: Why are you so excited? 너는 왜 그렇게 신났니? B: My team won the game. 우리 팀이 경기에서 이겼어. A: The earth is getting sick. What do you think? 지구가 병들고 있어. 어떻게 생각해? B: I think we should save the earth. 우리가 지구를 구해야 한다고 생각해.
비교하기	A: I'm taller than you. 내가 너보다 키가 더 커. B: Right. But I'm stronger than you. 맞아. 하지만 나는 너보다 힘이 더 세. A: Your pizza is bigger than mine. 너의 피자는 나의 것보다 더 크구나. B: No, it isn't. 아니야. 그렇지 않아.

차 례

인공지능 DANCHOQ 푸리봇 문|제|검|색

EBS 초등사이트와 **EBS 초등 APP** 하단의 **AI 학습도우미 푸리봇**을 통해 문항코드를 검색하면 푸리봇이 해당 문제의 해설 강의를 찾아 줍니다.

문제별 문항코드 확인

[241037-0001]

1. 아래 그래프를 이해한 내용으로 가장 적절한 것은?

241037-0001

문항코드 검색

초등 영어듣기평가 완벽대비를 위한 학습 계획표

나만의 학습 계획을 세워서 공부해 보세요!
아래 구성에 따라 계획을 세우면 초등 영어듣기평가 완벽대비 20일 완성!

학습 단원	학습 내용	학습 날짜 및 확인	학습 내용	학습 날짜 및 확인
Listen & Speak Up 1	WARM UP 어휘 예습 LISTEN UP 듣기평가 모의고사 실력 높여 보기	월 일	JUMP UP 받아쓰기 FLY UP 통문장 받아쓰기 SPEAK UP 주요 표현 말하고 영작하기	월 일
Listen & Speak Up 2	WARM UP 어휘 예습 LISTEN UP 듣기평가 모의고사 실력 높여 보기	월 일	JUMP UP 받아쓰기 FLY UP 통문장 받아쓰기 SPEAK UP 주요 표현 말하고 영작하기	월 일
Listen & Speak Up 3	WARM UP 어휘 예습 LISTEN UP 듣기평가 모의고사 실력 높여 보기	월 일	JUMP UP 받아쓰기 FLY UP 통문장 받아쓰기 SPEAK UP 주요 표현 말하고 영작하기	월 일
Listen & Speak Up 4	WARM UP 어휘 예습 LISTEN UP 듣기평가 모의고사 실력 높여 보기	월 일	JUMP UP 받아쓰기 FLY UP 통문장 받아쓰기 SPEAK UP 주요 표현 말하고 영작하기	월 일
Listen & Speak Up 5	WARM UP 어휘 예습 LISTEN UP 듣기평가 모의고사 실력 높여 보기	월 일	JUMP UP 받아쓰기 FLY UP 통문장 받아쓰기 SPEAK UP 주요 표현 말하고 영작하기	월 일
Listen & Speak Up 6	WARM UP 어휘 예습 LISTEN UP 듣기평가 모의고사 실력 높여 보기	월 일	JUMP UP 받아쓰기 FLY UP 통문장 받아쓰기 SPEAK UP 주요 표현 말하고 영작하기	월 일
Listen & Speak Up 7	WARM UP 어휘 예습 LISTEN UP 듣기평가 모의고사 실력 높여 보기	월 일	JUMP UP 받아쓰기 FLY UP 통문장 받아쓰기 SPEAK UP 주요 표현 말하고 영작하기	월 일
Listen & Speak Up 8	WARM UP 어휘 예습 LISTEN UP 듣기평가 모의고사 실력 높여 보기	월 일	JUMP UP 받아쓰기 FLY UP 통문장 받아쓰기 SPEAK UP 주요 표현 말하고 영작하기	월 일
Listen & Speak Up 9	WARM UP 어휘 예습 LISTEN UP 듣기평가 모의고사 실력 높여 보기	월 일	JUMP UP 받아쓰기 FLY UP 통문장 받아쓰기 SPEAK UP 주요 표현 말하고 영작하기	월 일
Listen & Speak Up 10	WARM UP 어휘 예습 LISTEN UP 듣기평가 모의고사 실력 높여 보기	월 일	JUMP UP 받아쓰기 FLY UP 통문장 받아쓰기 SPEAK UP 주요 표현 말하고 영작하기	월 일

It's time to listen and speak up!

Are you ready?

Listen & Speak Up 1

WARM UP

새로운 어휘들을 미리 공부해 볼까요?

A MP3 파일을 잘 듣고, 알맞은 번호 옆에 어휘의 철자와 뜻을 쓰세요.
뒷장으로 넘어가기 전, 한 번 더 들어 보고 싶은 경우에는 네모 박스에 체크하세요.

01 ☐ careful 조심하는   06 ☐ _____ _____
02 ☐ _____ _____   07 ☐ _____ _____
03 ☐ _____ _____   08 ☐ _____ _____
04 ☐ _____ _____   09 ☐ _____ _____
05 ☐ _____ _____   10 ☐ _____ _____

B 주어진 우리말 의미에 맞도록 빈칸을 채우세요.
위에서 학습한 어휘들을 이용해 보세요.

01 새로운 피자 가게   new _____ _____
02 게임 등장인물   game _____s
03 서랍 안에   in the _____
04 수프를 대접하다   _____ soup
05 초콜릿 소스   chocolate _____
06 조심해!   Be _____!
07 너의 방학은 어땠니?   How was your _____?
08 이것은 주방 도구이다. This is a _____ _____.
09 토핑을 원하십니까?   Would you like any _____s?
10 그런데 너는 표를 가지고 있니? By _____ _____, do you have the tickets?

● MP3 파일을 잘 듣고, 물음에 답하세요.

01
▶ 241037-0001

다음을 듣고, 그림의 상황에 가장 알맞은 것을 고르시오.

①   ②   ③   ④

02
▶ 241037-0002

대화를 듣고, 언제 나누는 대화인지 고르시오.

① 경고할 때
② 사과할 때
③ 위로할 때
④ 길을 물어볼 때

03
▶ 241037-0003

대화를 듣고, 두 사람은 누구에 관해 이야기하는지 고르시오.

① 삼촌   ② 동생
③ 선생님   ④ 학급 친구

04
▶ 241037-0004

대화를 듣고, 두 사람이 먹을 음식을 고르시오.

①    ②

③    ④

05
▶ 241037-0005

다음을 듣고, 자연스러운 대화를 고르시오.

①   ②   ③   ④

06
241037-0006

다음을 듣고, 남자아이가 할 말로 알맞은 것을 고르시오.

①   ②   ③   ④

07
241037-0007

대화를 듣고, 무엇에 관해 이야기하는지 고르시오.

① 비디오 게임
② 좋아하는 운동
③ 좋아하는 영화
④ 농구 경기 결과

08
241037-0008

대화를 듣고, 남자아이가 하기로 한 일을 고르시오.

① 휴대 전화를 사러 가기
② 토끼 스티커를 사러 가기
③ 휴대 전화를 분실함에 넣기
④ 준호에게 휴대 전화를 가져다주기

09
241037-0009

다음을 듣고, 이어질 응답으로 가장 알맞은 것을 고르시오.

① Are you thirsty?
② I need new shoes.
③ Yes, but I broke a cup.
④ Yes, I am. My legs are hurt.

10
241037-0010

대화를 듣고, 남자아이가 찾고 있는 것이 어디에 있는지 고르시오.

11

▶ 241037-0011

대화를 듣고, 남자아이가 Lucy의 집에서 한 일을 고르시오.

① 피자 만들기
② 치킨 요리하기
③ 보드게임 하기
④ 그룹 숙제하기

12

▶ 241037-0012

다음을 듣고, 여자아이가 말한 내용과 일치하지 <u>않는</u> 것을 고르시오.

① 캐릭터의 별명은 Sweet Melody이다.
② 캐릭터는 Dance Town에서 산다.
③ 캐릭터는 청바지를 입는다.
④ 캐릭터는 기타를 잘 친다.

13

▶ 241037-0013

다음을 듣고, 무엇에 대한 설명인지 고르시오.

① 국자
② 냄비
③ 포크
④ 숟가락

14

▶ 241037-0014

대화를 듣고, 어떤 상황에서 이루어지는 대화인지 고르시오.

① 영화를 보러 가는 상황
② 공부를 가르쳐 주는 상황
③ 시간 약속을 정하는 상황
④ 도서관에서 책을 대출하는 상황

15

▶ 241037-0015

다음을 듣고, 그림과 일치하는 것을 고르시오.

①   ②   ③   ④

16

241037-0016

대화를 듣고, 여자아이가 구입한 아이스크림의 종류와 가격이 바르게 짝지어진 것을 고르시오.

아이스크림 종류		가격
① 딸기 맛	–	$4
② 딸기 맛	–	$5
③ 망고 맛	–	$4
④ 망고 맛	–	$5

17

241037-0017

대화를 듣고, 오늘 학교 점심 메뉴를 고르시오.

① 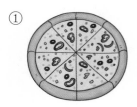 ②

③  ④

18

241037-0018

대화를 듣고, 이어질 응답으로 알맞은 것을 고르시오.

① Yes. I put them in my bag.

② Yes. I sold them yesterday.

③ My favorite musical is *Cats*.

④ We can buy the train tickets there.

19

241037-0019

대화를 듣고, 이어질 응답으로 알맞은 것을 고르시오.

① Let's meet there at two.

② Can you buy some *gimbap*?

③ How about going on a picnic?

④ Can you put the vegetables on the rice?

20

241037-0020

대화를 듣고, 이어질 응답으로 알맞지 <u>않은</u> 것을 고르시오.

① I have to get new shoes.

② I bought it for 20 dollars.

③ I need some new clothes.

④ I want to buy a present for my sister.

| 정답과 해설 6쪽 |

● MP3 파일을 잘 듣고, 물음에 답하세요.

01
▶ 241037-0021

대화를 듣고, 남자아이가 미나를 찾는 목적을 고르시오.

① 책을 주려고
② 숙제를 함께 하려고
③ 학교에 함께 가려고
④ 과학관에 함께 가려고
⑤ 책을 같이 사러 가려고

02
▶ 241037-0022

대화를 듣고, 두 사람이 함께 할 일을 고르시오.

① 병원에 자원봉사 가기
② 약국에 약을 사러 가기
③ Jane을 병원에 데려가기
④ 병원에 Jane 병문안 가기
⑤ 병원에 진료를 받으러 가기

03
▶ 241037-0023

대화를 듣고, 남자아이가 모임에 오지 못한 이유로 가장 적절한 것을 고르시오.

① 학원이 늦게 끝나서
② 모임 날짜를 착각해서
③ 여동생을 돌봐야 해서
④ 감기 진료가 오래 걸려서
⑤ 여동생을 부모님께 데려다줘야 해서

04
▶ 241037-0024

다음을 듣고, 대화가 자연스럽지 않은 것을 고르시오.

①　　②　　③　　④　　⑤

05
▶ 241037-0025

대화를 듣고, 그림의 상황에 가장 적절한 것을 고르시오.

①　　②　　③　　④　　⑤

JUMP UP

● MP3 파일을 잘 듣고, 다음 빈칸을 채워 보세요. 빈칸을 채운 뒤, 한 번 더 문제를 풀어 보세요.

01

다음을 듣고, 그림의 상황에 가장 알맞은 것을 고르시오.

① ② ③ ④

① M: Can you take a picture of us?

W: Of course.

② M: What do you do in your _____ time?

W: I draw flowers.

③ M: What is your _____ sport?

W: I like swimming.

④ M: What are you looking at?

W: I'm looking at a _____ of me at Seoraksan Mountain.

02

대화를 듣고, 언제 나누는 대화인지 고르시오.

① 경고할 때
② 사과할 때
③ 위로할 때
④ 길을 물어볼 때

M: Minji, be _____! A car is coming.

G: Oh, thanks.

M: _____ use your cell phone in the _____.

G: Okay. I won't.

03

대화를 듣고, 두 사람은 누구에 관해 이야기하는지 고르시오.

① 삼촌   ② 동생
③ 선생님   ④ 학급 친구

B: Do you _____ that man?

G: Who?

B: The man with the black _____. He is waving his hand.

G: He's my uncle. He is an _____.

04

대화를 듣고, 두 사람이 먹을 음식을 고르시오.

B: I'm so _____.

G: Let's order a pizza.

B: Good. How about _____ from the new pizza place?

G: Okay. Here's the menu... The _____ pizza is on sale.

B: Nice. Let's have that.

05

다음을 듣고, 자연스러운 대화를 고르시오.

① ② ③ ④

① B: How about meeting at five?

　G: I will meet her at the _____ .

② B: Can you tell me about her?

　G: Sure. She is nice and _____ .

③ B: How was your vacation?

　G: It must be fun.

④ B: What do you _____ about the painting?

　G: That's a good idea.

06

다음을 듣고, 남자아이가 할 말로 알맞은 것을 고르시오.

① ② ③ ④

① B: Can I _____ this _____ ?

② B: What _____ are your shoes?

③ B: What's your favorite T-shirt?

④ B: Do you have a _____ T-shirt?

07

대화를 듣고, 무엇에 관해 이야기하는지 고르시오.

① 비디오 게임
② 좋아하는 운동
③ 좋아하는 영화
④ 농구 경기 결과

B: Judy, are you watching a basketball game?

G: No, it's a new _____ video game.

B: Oh, the characters look so _____ .

G: Yeah, the game characters are real basketball players.

B: That _____ interesting.

08

대화를 듣고, 남자아이가 하기로 한 일을 고르시오.

① 휴대 전화를 사러 가기
② 토끼 스티커를 사러 가기
③ 휴대 전화를 분실함에 넣기
④ 준호에게 휴대 전화를 가져다주기

G: Whose _____ is this? Do you know?

B: It's Junho's. There is a cute rabbit _____ on it.

G: Oh, you're right. That is Junho's favorite _____ .

B: I'll give it to Junho. He must be looking for it.

Listen & Speak Up 1

09

다음을 듣고, 이어질 응답으로 가장 알맞은 것을 고르시오.

① Are you thirsty?
② I need new shoes.
③ Yes, but I broke a cup.
④ Yes, I am. My legs are hurt.

10

대화를 듣고, 남자아이가 찾고 있는 것이 어디에 있는지 고르시오.

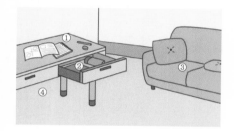

11

대화를 듣고, 남자아이가 Lucy의 집에서 한 일을 고르시오.

① 피자 만들기
② 치킨 요리하기
③ 보드게임 하기
④ 그룹 숙제하기

12

다음을 듣고, 여자아이가 말한 내용과 일치하지 않는 것을 고르시오.

① 캐릭터의 별명은 Sweet Melody이다.
② 캐릭터는 Dance Town에서 산다.
③ 캐릭터는 청바지를 입는다.
④ 캐릭터는 기타를 잘 친다.

W: Honey, are you _____?
B: _____

B: Did you see my glasses?
W: You usually put them on your _____.
B: I can't _____ them.
W: They are not on the sofa or in the drawer.
B: Oh, I found them. They're _____ the desk.

B: Mom, I'm home.
W: Did you _____ fun at Lucy's house?
B: Yes. We played board games and watched movies.
W: What did you have for _____?
B: Lucy's sister made chicken _____ for us.

G: This is my _____ in the Metaverse. Her _____ is Sweet Melody. She lives in Music Town. She has red hair and wears jeans. She _____ the guitar very well.

> 메타버스는 '가상', '초월' 등을 뜻하는 메타(meta)와 '우주'를 뜻하는 유니버스(universe)를 합친 단어로, 3차원의 가상세계를 가리킵니다. 메타버스에서 아바타를 만들어 게임이나 현실과 같은 사회·문화적 활동을 할 수 있답니다.

13

다음을 듣고, 무엇에 대한 설명인지 고르시오.

① 국자
② 냄비
③ 포크
④ 숟가락

M: This is a kitchen tool. It has a long _____. It looks like a big _____, but you don't eat food with it. You _____ soup with this.

14

대화를 듣고, 어떤 상황에서 이루어지는 대화인지 고르시오.

① 영화를 보러 가는 상황
② 공부를 가르쳐 주는 상황
③ 시간 약속을 정하는 상황
④ 도서관에서 책을 대출하는 상황

G: Jake, we have a movie club _____ this afternoon.
B: Oh, I didn't know that. What _____?
G: It starts at 4:00 p.m. Can we meet at 3:30?
B: Sure. Where do you want to meet?
G: In front of the _____ library.
B: All right. See you then.

15

다음을 듣고, 그림과 일치하는 것을 고르시오.

① ② ③ ④

① W: The boy is _____ a song.
② W: The boy is _____ on the phone.
③ W: The boy is dancing on a _____.
④ W: The boy is playing a computer game.

16

대화를 듣고, 여자아이가 구입한 아이스크림의 종류와 가격이 바르게 짝지어진 것을 고르시오.

아이스크림 종류		가격
① 딸기 맛	–	$4
② 딸기 맛	–	$5
③ 망고 맛	–	$4
④ 망고 맛	–	$5

M: How can I help you?
G: Hi. I want to have _____ ice cream.
M: Would you like any _____?
G: Yes, I'd like _____ sauce, please.
M: Will that be all?
G: Yes. How much is it?
M: It's $4.

17

대화를 듣고, 오늘 학교 점심 메뉴를 고르시오.

①
②
③
④

G: It's lunchtime soon!

B: What's on the menu for school _____ today?

G: Let me see... It's _____ and rice with salad.

B: Is there chicken, too?

G: No, chicken is _____.

18

대화를 듣고, 이어질 응답으로 알맞은 것을 고르시오.

① Yes. I put them in my bag.
② Yes. I sold them yesterday.
③ My favorite musical is *Cats*.
④ We can buy the train tickets there.

B: Jenny, are you _____ to go?

G: Yes. I'm so _____ to see the musical.

B: Me, too. It's my favorite musical.

G: Oh, by the way, do you have the _____?

B: _____

> by the way(그런데)는 대화를 하다가 갑자기 화제나 주제를 바꿀 때 씁니다. 비슷한 표현으로 You know what?(너 그거 알아?)이 있답니다.

19

대화를 듣고, 이어질 응답으로 알맞은 것을 고르시오.

① Let's meet there at two.
② Can you buy some *gimbap*?
③ How about going on a picnic?
④ Can you put the vegetables on the rice?

B: Mom, what are you doing?

W: I'm _____ *gimbap* for our _____.

B: I love *gimbap*.

W: I know. How about making it _____?

B: Sure. What can I do?

W: _____

20

대화를 듣고, 이어질 응답으로 알맞지 <u>않은</u> 것을 고르시오.

① I have to get new shoes.
② I bought it for 20 dollars.
③ I need some new clothes.
④ I want to buy a present for my sister.

G: Hey, Jack! Are you waiting for a _____?

B: Yes. I'm waiting for a bus to go to the shopping _____.

G: Really? I am going there, too. Let's go together.

B: Sure. What do you want to _____?

G: _____

● MP3 파일을 잘 듣고, 다음 빈칸을 채워 대화를 완성해 보세요.

"A에는 B의 대답에 어울리는 질문이, B에는 A의 질문에 어울리는 대답이 들어갈 거예요. A와 B가 어떠한 대화를 나누게 될까요?"

01 A What do you do in your free time?   너는 자유 시간에 뭐 하니?

   B **I draw flowers.**   나는 꽃을 그려.

02 A _____   _____

   B Okay. I won't.   알겠어요. 안 그럴게요.

03 A _____   _____

   B In front of the school library.   학교 도서관 앞에서.

04 A _____   _____

   B It's $4.   4달러입니다.

05 A _____   _____

   B I'm making *gimbap* for our picnic.   나는 우리 소풍을 위해 김밥을 만들고 있어.

"한 번에 문장을 다 쓰긴 어려워요. 여러 번 들으면서 메모하며 천천히 적어도 좋아요. 문장이 완성되면, 우리말 뜻도 적어 보세요!"

06 How <u>about meeting at five</u> ?

<u>5시에 만나는 게 어떠니?</u>

07 What _____ ?

_____

08 We _____ .

_____

09 It _____ .

_____

10 Do _____ ?

_____

● **주어진 우리말 의미에 맞게 영어로 말해 보세요.**

STEP1 우리말을 읽고, 앞에서 학습한 내용을 이용하여 영어로 말해 봐요. 말한 뒤에는 네모 박스에 체크해요.

STEP2 주어진 어휘 또는 표현들을 이용하여 문장을 완성해요.

01 우리는 축구를 했어요. (play)

STEP1 ☐

STEP2 _____

02 5시에 만나는 게 어떠니? (how, meet)

STEP1 ☐

STEP2 _____

03 더 큰 바지 있나요? (bigger)

STEP1 ☐

STEP2 _____

04 횡단보도에서 휴대 전화를 사용하지 마. (cell phone)

STEP1 ☐

STEP2 _____

05 너는 어디에서 만나길 원하니? (want, meet)

STEP1 ☐

STEP2 _____

06 그것은 얼마입니까? (it)

STEP1 ☐

STEP2 _____

07 너는 무엇을 하고 있니? (what)

STEP1 ☐

STEP2 _____

Listen & Speak Up 2

WARM UP

새로운 어휘들을 미리 공부해 볼까요?

| 정답과 해설 8쪽 |

A MP3 파일을 잘 듣고, 알맞은 번호 옆에 어휘의 철자와 뜻을 쓰세요.
뒷장으로 넘어가기 전, 한 번 더 들어 보고 싶은 경우에는 네모 박스에 체크하세요.

01 ☐ surprising   놀라운   06 ☐

02 ☐   07 ☐

03 ☐   08 ☐

04 ☐   09 ☐

05 ☐   10 ☐

B 주어진 우리말 의미에 맞도록 빈칸을 채우세요.
위에서 학습한 어휘들을 이용해 보세요.

01   벼룩시장에서   at the _____ _____

02   무거운 동전이나 지폐   heavy coins or _____s

03   학교 장기 자랑   school _____ show

04   자기 나름의 방식으로 그것들을 그리다   draw them in one's _____ _____

05   정원 가꾸기 동아리   _____ club

06   그거 놀랍군요.   That's _____.

07   내 옷장은 옷들로 가득 찼어요.   My _____ is full of clothes.

08   그들은 나를 그들의 지갑에 가지고 다닌다.   They carry me in their _____s.

09   우리는 햇빛으로 라면을 요리했어.   We cooked *ramyeon* with _____.

10   그는 도서관에서 메시지를 보냈다.   He sent a _____ from the library.

● MP3 파일을 잘 듣고, 물음에 답하세요.

01
241037-0026

다음을 듣고, 그림의 상황에 가장 알맞은 것을 고르시오.

①   ②   ③   ④

02
241037-0027

대화를 듣고, 허락을 구할 때 나누는 대화로 알맞은 것을 고르시오.

①   ②   ③   ④

03
241037-0028

대화를 듣고, 두 사람은 어떤 관계인지 고르시오.

① 점원 – 손님
② 엄마 – 아들
③ 호텔 직원 – 고객
④ 여행 가이드 – 관광객

04
241037-0029

대화를 듣고, 두 사람이 보고 있는 그림을 고르시오.

①    ②

③   ④

05
241037-0030

다음을 듣고, 알맞은 응답을 고르시오.

①   ②   ③   ④

06
241037-0031

다음을 듣고, 여자아이가 할 말로 알맞은 것을 고르시오.

① ② ③ ④

07
241037-0032

대화를 듣고, 무엇에 관해 이야기하는지 고르시오.

① 주말 계획 ② 동아리 가입
③ 방과 후 활동 ④ 좋아하는 운동

08
241037-0033

대화를 듣고, 여자가 남자아이에게 제안한 것을 고르시오.

① 새 옷장을 사기
② 옷을 교환하러 가기
③ 옷을 직접 만들어 입기
④ 벼룩시장에서 작은 옷들을 팔기

09
241037-0034

다음을 듣고, 이어질 응답으로 가장 알맞은 것을 고르시오.

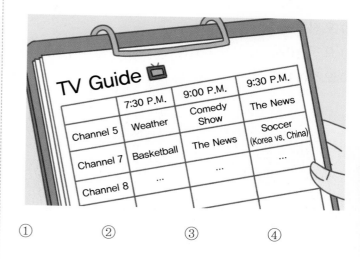

① ② ③ ④

10
241037-0035

대화를 듣고, 여자아이가 찾는 서점의 위치를 고르시오.

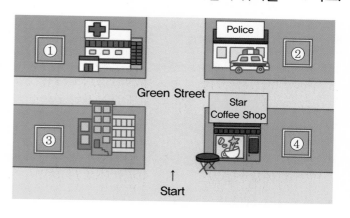

11
241037-0036

대화를 듣고, 두 사람이 볼 영화 시작 시간을 고르시오.

① 오전 9시
② 오전 9시 30분
③ 오전 10시
④ 오전 11시

14
241037-0039

대화를 듣고, 어떤 상황에서 이루어지는 대화인지 고르시오.

① 책을 구매하는 상황
② 요청을 거절하는 상황
③ 책 읽기를 권유하는 상황
④ 책에 대한 의견에 동의하는 상황

12
241037-0037

대화를 듣고, 대화의 내용과 일치하는 것을 고르시오.

① 오늘 날씨는 흐리고 비가 온다.
② 남자아이는 심부름하러 가야 한다.
③ 여자아이는 여동생을 데리러 가야 한다.
④ 두 사람은 함께 자전거를 타러 갈 것이다.

15
241037-0040

다음을 듣고, 그림과 일치하는 것을 고르시오.

①   ②   ③   ④

13
241037-0038

다음을 듣고, 무엇에 대한 설명인지 고르시오.

① 편지
② 동전
③ 지폐
④ 신용카드

16

▶ 241037-0041

대화를 듣고, 남자아이가 가는 곳과 이용할 교통수단이 바르게 짝지어진 것을 고르시오.

가는 곳	교통수단
① 동아리 모임	– 버스
② 동아리 모임	– 자전거
③ 태권도 시합	– 도보
④ 태권도 시합	– 자전거

17

▶ 241037-0042

대화를 듣고, 남자아이가 과학 캠프에서 한 일을 고르시오.

① 독서하기
② 드론 만들기
③ 물 로켓 날리기
④ 밤에 별 관찰하기

18

▶ 241037-0043

대화를 듣고, 이어질 응답으로 알맞은 것을 고르시오.

① I don't like to dance.
② Do you like dancing?
③ I learned Chinese last year.
④ I joined a dancing club last year.

19

▶ 241037-0044

대화를 듣고, 이어질 응답으로 알맞은 것을 고르시오.

① Can you give me a ride?
② I don't know the address.
③ It's Jungangro 30-gil, 15.
④ I am going there for my group project.

20

▶ 241037-0045

대화를 듣고, 이어질 응답으로 알맞지 <u>않은</u> 것을 고르시오.

① Okay. I will.
② I don't like hamburgers.
③ I'll have some now. Thanks.
④ It's not that bad. I'll just rest.

● MP3 파일을 잘 듣고, 물음에 답하세요.

01
▶ 241037-0046

대화를 듣고, 남자아이가 Jake를 찾는 목적을 고르시오.

① 책을 돌려주려고
② 함께 도서관에 가려고
③ 메시지를 잘못 보내서
④ 도서관 가는 길을 물어보려고
⑤ 모둠 숙제에 관해 질문하려고

02
▶ 241037-0047

대화를 듣고, 두 사람이 함께 할 일을 고르시오.

① 축구 연습하기
② 축구화를 사러 가기
③ 축구 경기를 보러 가기
④ 축구 동아리에 가입하기
⑤ 축구 영상을 보며 전략 짜기

03
▶ 241037-0048

대화를 듣고, 남자아이가 미술 동아리에 가입하지 않은 이유를 고르시오.

① 시간이 늦게 끝나서
② 회비가 부담스러워서
③ 미술을 별로 안 좋아해서
④ 동아리 활동을 안 좋아해서
⑤ 다른 동아리에 이미 가입해서

04
▶ 241037-0049

다음을 듣고, 대화가 자연스럽지 않은 것을 고르시오.

①   ②   ③   ④   ⑤

05
▶ 241037-0050

대화를 듣고, 남자가 내야 할 금액을 고르시오.

① 20달러
② 30달러
③ 40달러
④ 50달러
⑤ 60달러

| 정답과 해설 8쪽 |

● MP3 파일을 잘 듣고, 다음 빈칸을 채워 보세요. 빈칸을 채운 뒤, 한 번 더 문제를 풀어 보세요.

01

다음을 듣고, 그림의 상황에 가장 알맞은 것을 고르시오.

①   ②   ③   ④

02

대화를 듣고, 허락을 구할 때 나누는 대화로 알맞은 것을 고르시오.

①   ②   ③   ④

03

대화를 듣고, 두 사람은 어떤 관계인지 고르시오.

① 점원 – 손님
② 엄마 – 아들
③ 호텔 직원 – 고객
④ 여행 가이드 – 관광객

04

대화를 듣고, 두 사람이 보고 있는 그림을 고르시오.

①   ②
③   ④

---

① G: What do you want to be?

B: I want to be a _____.

② G: What's your favorite movie?

B: I don't like movies.

③ G: Do you like bananas?

B: Not really. I like _____.

④ G: What movie do you want to watch?

B: I want to see the _____ movie *Superman*.

① W: How are you today?

M: Great. Thanks.

② W: Can I open the _____?

M: Sure. Go ahead.

③ W: Can you _____ French?

M: Yes. I learned it at school.

④ W: Excuse me. Where is the post office?

M: Go _____ two blocks and then turn right.

W: Welcome to Bulguksa! I'm Sohee from Good Travel.

M: It's _____.

W: Bulguksa is about one _____ three hundred years old.

M: That's surprising.

W: I'll tell you its _____. Please come this way.

G: What do you think of this _____?

B: It's beautiful. I like those yellow flowers.

G: Yes, they look wonderful in the _____.

B: The painting looks _____.

Listen & Speak Up 2

05

다음을 듣고, 알맞은 응답을 고르시오.

①   ②   ③   ④

W: How was your _____?

M: _____

① M: It was great.

② M: It will be _____.

③ M: I _____ her a lot.

④ M: I have a long holiday.

06

다음을 듣고, 여자아이가 할 말로 알맞은 것을 고르시오.

①   ②   ③   ④

① G: What a _____ guitar!

② G: How much is the _____?

③ G: Can you play the piano?

④ G: How many _____ a day do you watch TV?

07

대화를 듣고, 무엇에 관해 이야기하는지 고르시오.

① 주말 계획   ② 동아리 가입
③ 방과 후 활동   ④ 좋아하는 운동

G: What are you going to do _____ school?

B: I'm going to play _____. How about you?

G: I will _____ for the school play with my friends.

B: Sounds good.

08

대화를 듣고, 여자가 남자아이에게 제안한 것을 고르시오.

① 새 옷장을 사기
② 옷을 교환하러 가기
③ 옷을 직접 만들어 입기
④ 벼룩시장에서 작은 옷들을 팔기

B: Mom, all my jackets are _____.

W: Really? You need a new jacket.

B: But my _____ is full of clothes.

W: How about selling your small clothes at the _____ market?

B: That's a great idea.

벼룩시장은 시장 귀퉁이에서 장사를 하던 상인들이 경찰의 단속을 피해 순식간에 사라지는 모습이 벼룩이 도망가는 모습과 비슷해서 붙여진 이름이라는 이야기가 있답니다.

09

다음을 듣고, 이어질 응답으로 가장 알맞은 것을 고르시오.

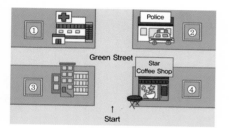

①   ②   ③   ④

M: What's on _____ 7 at 9:00?

W: _____

① W: I like comedy _____.

② W: The news is on channel 7.

③ W: I have to watch the soccer game.

④ W: There's a _____ game on right now.

10

대화를 듣고, 여자아이가 찾는 서점의 위치를 고르시오.

G: Is there a _____ around here?

M: Yes. Go straight and then turn right at the corner.

G: Turn _____ at the corner. And then?

M: It's _____ to the Star Coffee Shop.

G: Okay. Thank you.

11

대화를 듣고, 두 사람이 볼 영화 시작 시간을 고르시오.

① 오전 9시
② 오전 9시 30분
③ 오전 10시
④ 오전 11시

G: Let's go and see the new *Spiderman* movie.

B: The _____ movie starts at 9:30.

G: That's too _____. How about the next one?

B: The _____ movie starts at 11:00.

G: Good. Let's see that one.

12

대화를 듣고, 대화의 내용과 일치하는 것을 고르시오.

① 오늘 날씨는 흐리고 비가 온다.
② 남자아이는 심부름하러 가야 한다.
③ 여자아이는 여동생을 데리러 가야 한다.
④ 두 사람은 함께 자전거를 타러 갈 것이다.

G: What a _____ day!

B: Yes, it is. Let's ride our bikes in the _____.

G: Sorry, I can't. I need to _____ up my little sister.

B: Okay. Then maybe next time.

13

다음을 듣고, 무엇에 대한 설명인지 고르시오.

① 편지
② 동전
③ 지폐
④ 신용카드

W: I am a type of card. People don't need to _____ heavy _____ or bills. They just carry me in their purses and use me like _____. What am I?

14

대화를 듣고, 어떤 상황에서 이루어지는 대화인지 고르시오.

① 책을 구매하는 상황
② 요청을 거절하는 상황
③ 책 읽기를 권유하는 상황
④ 책에 대한 의견에 동의하는 상황

B: What are you reading?
G: I'm reading *The Big Change*. I _____ it three times.
B: I didn't read it. Is it _____?
G: Yes. It's my favorite book. You _____ read it.

15

다음을 듣고, 그림과 일치하는 것을 고르시오.

① ② ③ ④

① M: The man is holding an _____.
② M: There are three _____ in the picture.
③ M: The woman is wearing a black _____.
④ M: The man and the woman are holding hands.

16

대화를 듣고, 남자아이가 가는 곳과 이용할 교통수단이 바르게 짝지어진 것을 고르시오.

	가는 곳	교통수단
①	동아리 모임	버스
②	동아리 모임	자전거
③	태권도 시합	도보
④	태권도 시합	자전거

G: Danny, where are you going?
B: I'm going to my taekwondo club meeting.
G: Oh, it will _____ soon.
B: You're right. So I won't ride my _____ today.
G: Then are you going to walk there?
B: No, I will _____ the bus.

17

대화를 듣고, 남자아이가 과학 캠프에서 한 일을 고르시오.

① 독서하기
② 드론 만들기
③ 물 로켓 날리기
④ 밤에 별 관찰하기

G: Junha, how was _____ camp?
B: It was really fun.
G: What did you do there?
B: We cooked *ramyeon* with _____.
G: Anything else?
B: We watched the _____ at night.

18

대화를 듣고, 이어질 응답으로 알맞은 것을 고르시오.

① I don't like to dance.
② Do you like dancing?
③ I learned Chinese last year.
④ I joined a dancing club last year.

B: Mina, I saw you at the school _____ show.
G: Really?
B: Yeah, you're really _____ at dancing.
G: Thank you.
B: Where did you _____?
G: _____

19

대화를 듣고, 이어질 응답으로 알맞은 것을 고르시오.

① Can you give me a ride?
② I don't know the address.
③ It's Jungangro 30-gil, 15.
④ I am going there for my group project.

G: Dad, can you give me a ride to Suji's?
M: Yes. Your bag looks _____.
G: I'm going there for my group project.
M: Do you know the _____?
G: Wait. It's Jungangro 30-gil, 15.
M: Can you _____ that again?
G: _____

영어로 주소를 쓸 때는 우리말과 반대로 도로명, 건물 이름, 도시의 순서로 씁니다.
(예) 1242. E Main St. Nobhill Apt. B12. San Francisco CA

20

대화를 듣고, 이어질 응답으로 알맞지 <u>않은</u> 것을 고르시오.

① Okay. I will.
② I don't like hamburgers.
③ I'll have some now. Thanks.
④ It's not that bad. I'll just rest.

W: Jason, you don't look good. Are you okay?
B: I ate too much at _____.
W: What did you have?
B: I had a _____ and a lot of fries.
W: How about taking some _____?
B: _____

 **FLY UP**

● MP3 파일을 잘 듣고, 다음 빈칸을 채워 대화를 완성해 보세요.

"A에는 B의 대답에 어울리는 질문이, B에는 A의 질문에 어울리는 대답이 들어갈 거예요. A와 B가 어떠한 대화를 나누게 될까요?"

01 A What do you want to be?　　　　　너는 무엇이 되고 싶니?

B **I want to be a singer.**　　　　　나는 가수가 되고 싶어.

02 A _____　　　　_____

B Great. Thanks.　　　　　좋아요. 고마워요.

03 A _____　　　　_____

B I'm going to my taekwondo club meeting.　　나는 태권도 동아리 모임에 가는 중이야.

04 A _____　　　　_____

B Thank you.　　　　　고마워.

05 A _____　　　　_____

B Wait. It's Jungangro 30-gil, 15.　　　　잠시만요. 중앙로 30길, 15예요.

06 I _like those yellow flowers_ .

나는 저 노란색 꽃들이 마음에 들어.

07 What _____ !

_____

08 I'm _____ .

_____

09 You _____ .

_____

10 Is _____ ?

_____

SPEAK UP

| 정답과 해설 13쪽 |

● 주어진 우리말 의미에 맞게 영어로 말해 보세요.

STEP1 우리말을 읽고, 앞에서 학습한 내용을 이용하여 영어로 말해 봐요. 말한 뒤에는 네모 박스에 체크해요.

STEP2 주어진 어휘 또는 표현들을 이용하여 문장을 완성해요.

01 정말 아름다운 날이다! (what, beautiful)

STEP1 ☐

STEP2 _____

02 나는 댄서가 되고 싶어. (want, dancer)

STEP1 ☐

STEP2 _____

03 너는 어디 가는 중이니? (where)

STEP1 ☐

STEP2 _____

04 너는 주소를 아니? (address)

STEP1 ☐

STEP2 _____

05 나는 농구를 할 예정이야. (going to, basketball)

STEP1 ☐

STEP2 _____

06 여기 근처에 서점이 있나요? (around here)

STEP1 ☐

STEP2 _____

07 너는 정말 춤을 잘 춘다. (really, good at)

STEP1 ☐

STEP2 _____

Listen & Speak Up 3

WARM UP

새로운 어휘들을 미리 공부해 볼까요?

| 정답과 해설 14쪽 |

A MP3 파일을 잘 듣고, 알맞은 번호 옆에 어휘의 철자와 뜻을 쓰세요.
뒷장으로 넘어가기 전, 한 번 더 들어 보고 싶은 경우에는 네모 박스에 체크하세요.

01 ☐ **button**   버튼, 단추   06 ☐ _____

02 ☐ _____   07 ☐ _____

03 ☐ _____   08 ☐ _____

04 ☐ _____   09 ☐ _____

05 ☐ _____   10 ☐ _____

B 주어진 우리말 의미에 맞도록 빈칸을 채우세요.
위에서 학습한 어휘들을 이용해 보세요.

01 체육관에서   in the _____

02 빵, 크림, 초콜릿과 과일로 만든   _____ _____ bread, cream, chocolate, and fruit

03 오늘의 특별한 샌드위치   today's _____ sandwich

04 심한 두통   _____ headache

05 내 마음을 바꾸다   _____ my mind

06 버튼을 눌러라.   Push the _____.

07 층별 지도를 얻을 수 있나요?   Can I have a _____ _____?

08 우리는 여전히 집에서 재미있게 보낸다.   We _____ have fun at home.

09 나는 거기서 수상 스키 타는 걸 배울 거야.   I will learn to _____ there.

10 마음에 둔 브랜드가 있니?   Do you have a brand _____ _____?

● MP3 파일을 잘 듣고, 물음에 답하세요.

01
▶ 241037-0051

다음을 듣고, 그림의 상황에 가장 알맞은 것을 고르시오.

①   ②   ③   ④

02
▶ 241037-0052

대화를 듣고, 감사를 표현할 때 나누는 대화로 알맞은 것을 고르시오.

①   ②   ③   ④

03
▶ 241037-0053

대화를 듣고, 두 사람은 어떤 관계인지 고르시오.

① 손님 – 점원
② 아들 – 엄마
③ 선생님 – 학생
④ 버스 기사 – 승객

04
▶ 241037-0054

대화를 듣고, 남자아이가 가져갈 것을 고르시오.

①

②

③

④

05
▶ 241037-0055

다음을 듣고, 알맞은 응답을 고르시오.

①   ②   ③   ④

06

241037-0056

다음을 듣고, 여자가 할 말로 알맞은 것을 고르시오.

①   ②   ③   ④

07

241037-0057

대화를 듣고, 무엇에 관해 이야기하는지 고르시오.

① 취미 생활
② 방학 계획
③ 주말에 한 일
④ 좋아하는 음식

08

241037-0058

대화를 듣고, 여자아이가 남자아이에게 부탁한 것을 고르시오.

① 가방을 들어 주기
② 같이 병원에 가 주기
③ 계단에서 부축해 주기
④ 가방에서 전화기를 꺼내 주기

09

241037-0059

다음을 듣고, 이어질 응답으로 가장 알맞은 것을 고르시오.

① You're welcome.
② Yes. I can't wait.
③ I'm sorry to hear that.
④ I forgot about the trip.

10

241037-0060

대화를 듣고, 여자아이가 찾는 로봇의 위치를 고르시오.

① 1층   ② 2층   ③ 3층   ④ 4층

Listen & Speak Up 3

11
▶ 241037-0061

대화를 듣고, 체육 수업 장소를 고르시오.

① 교실
② 운동장
③ 체육관
④ 수영장

12
▶ 241037-0062

대화를 듣고, 대화의 내용과 일치하는 것을 고르시오.

① 여자아이는 타코를 좋아한다.
② 남자아이는 축제에 가지 못 한다.
③ 축제에서 중국 음식은 맛 볼 수 없다.
④ 두 아이는 세계 음악 축제에 관해 이야기하고 있다.

13
▶ 241037-0063

다음을 듣고, 무엇에 대한 설명인지 고르시오.

① 국수
② 미역국
③ 초콜릿
④ 케이크

14
▶ 241037-0064

대화를 듣고, 어떤 상황에서 이루어지는 대화인지 고르시오.

① 조언을 해 주는 상황
② 아픈 곳을 진찰하는 상황
③ 운동을 가르쳐 주는 상황
④ 헬스장 가는 길을 알려 주는 상황

15
▶ 241037-0065

다음을 듣고, 그림과 일치하는 것을 고르시오.

①   ②   ③   ④

16

▶ 241037-0066

대화를 듣고, 여자아이가 이번 주말에 갈 곳과 같이 갈 사람이 바르게 짝지어진 것을 고르시오.

	갈 곳		같이 갈 사람
①	공원	–	사촌
②	공원	–	친구
③	콘서트	–	엄마
④	콘서트	–	친구

17

▶ 241037-0067

대화를 듣고, 포스터의 빈칸에 들어갈 말이 바르게 짝지어진 것을 고르시오.

Fall Children's Singing Concert

When : (a) _____

Where : (b) _____

	(a)		(b)
①	September 15th	–	ABC City Hall
②	September 20th	–	Central Concert Hall
③	October 10th	–	ABC City Hall
④	October 25th	–	Central Concert Hall

18

▶ 241037-0068

대화를 듣고, 이어질 응답으로 알맞은 것을 고르시오.

① I didn't order this.
② I loved all the food.
③ I'll have a chicken sandwich.
④ Can I have a glass of orange juice?

19

▶ 241037-0069

대화를 듣고, 이어질 응답으로 알맞은 것을 고르시오.

① I took some medicine.
② You don't have a fever.
③ I should go to see a doctor.
④ You should stay in bed today.

20

▶ 241037-0070

대화를 듣고, 이어질 응답으로 알맞지 않은 것을 고르시오.

① We can draw pictures.
② We can play board games.
③ Let's ride our bikes at the park.
④ How about watching some movies?

LISTEN UP 실력 높여 보기

| 정답과 해설 18쪽 |

● MP3 파일을 잘 듣고, 물음에 답하세요.

01
▶ 241037-0071

대화를 듣고, 여자아이가 수호를 찾는 목적을 고르시오.

① 간식을 사 주려고
② 만화책을 빌리려고
③ 함께 점심 먹으려고
④ 숙제에 대해 물어보려고
⑤ 재미있는 책을 빌려주려고

02
▶ 241037-0072

대화를 듣고, 남자아이가 여름방학에 할 일을 고르시오.

① 독서 많이 하기
② 양평 둘레길 걷기
③ 수상 스키 배우기
④ 영어 캠프 참여하기
⑤ 수영 캠프 참여하기

03
▶ 241037-0073

대화를 듣고, 선생님이 민지를 부른 이유를 고르시오.

① 보충 학습을 시키려고
② 축구 선수로 추천하려고
③ 회장 후보로 추천하려고
④ 잦은 지각을 야단치려고
⑤ 달리기 선수로 추천하려고

04
▶ 241037-0074

다음을 듣고, 대화가 자연스럽지 않은 것을 고르시오.

①   ②   ③   ④   ⑤

05
▶ 241037-0075

대화를 듣고, 여자아이가 내야 할 금액을 고르시오.

① 10달러
② 15달러
③ 24달러
④ 30달러
⑤ 35달러

● MP3 파일을 잘 듣고, 다음 빈칸을 채워 보세요. 빈칸을 채운 뒤, 한 번 더 문제를 풀어 보세요.

01

다음을 듣고, 그림의 상황에 가장 알맞은 것을 고르시오.

①   ②   ③   ④

02

대화를 듣고, 감사를 표현할 때 나누는 대화로 알맞은 것을 고르시오.

①   ②   ③   ④

03

대화를 듣고, 두 사람은 어떤 관계인지 고르시오.

① 손님 – 점원
② 아들 – 엄마
③ 선생님 – 학생
④ 버스 기사 – 승객

04

대화를 듣고, 남자아이가 가져갈 것을 고르시오.

①   ②

③   ④

---

① G: How are you today?

  B: I'm fine.

② G: Can I _____ you?

  B: Sure. You can.

③ G: _____ I use your phone?

  B: Sorry. You can't.

④ G: Can I _____ your scissors?

  B: Sure. Here you are.

① M: I'll see you tomorrow.

  G: See you.

② M: Don't run in the _____.

  G: I'm sorry.

③ M: May I help you?

  G: Yes, I'm looking for a _____.

④ M: Is this your _____?

  G: Oh, I was looking for that. Thank you so much.

M: Excuse me. Can I _____ a cake?

W: Sure. Which cake do you want?

M: How much is the _____ cheesecake?

W: That's 25 dollars. When do you need it?

M: I need it for this Saturday.

W: Okay. Write your _____ and phone number here, please.

G: Jake, when do we _____ tomorrow?

B: At two. Don't _____ to bring your tennis racket.

G: Oh, I don't have a tennis racket.

B: Don't worry. I have two rackets. I'll _____ them.

G: Thanks.

05

다음을 듣고, 알맞은 응답을 고르시오.

①   ②   ③   ④

W: What time do you _____ _____?

M: _____

① M: I usually get up at seven thirty.

② M: I usually eat breakfast at eight.

③ M: I usually come _____ at three.

④ M: I usually go to _____ at ten.

06

다음을 듣고, 여자가 할 말로 알맞은 것을 고르시오.

①   ②   ③   ④

① W: Cut the _____.

② W: Push the _____.

③ W: Don't sit down.

④ W: _____ in your chair.

07

대화를 듣고, 무엇에 관해 이야기하는지 고르시오.

① 취미 생활
② 방학 계획
③ 주말에 한 일
④ 좋아하는 음식

B: What did you do _____ Saturday?

G: I made _____ with my sister. How about you?

B: I went camping. I caught a lot of _____.

G: That sounds fun.

08

대화를 듣고, 여자아이가 남자아이에게 부탁한 것을 고르시오.

① 가방을 들어 주기
② 같이 병원에 가 주기
③ 계단에서 부축해 주기
④ 가방에서 전화기를 꺼내 주기

B: What happened to your _____, Susie?

G: I fell down the _____ yesterday.

B: That's too bad. Do you need any _____?

G: Yes. Can you take my phone out of my bag?

B: Sure.

09

다음을 듣고, 이어질 응답으로 가장 알맞은 것을 고르시오.

① You're welcome.
② Yes. I can't wait.
③ I'm sorry to hear that.
④ I forgot about the trip.

10

대화를 듣고, 여자아이가 찾는 로봇의 위치를 고르시오.

① 1층   ② 2층   ③ 3층   ④ 4층

11

대화를 듣고, 체육 수업 장소를 고르시오.

① 교실
② 운동장
③ 체육관
④ 수영장

12

대화를 듣고, 대화의 내용과 일치하는 것을 고르시오.

① 여자아이는 타코를 좋아한다.
② 남자아이는 축제에 가지 못 한다.
③ 축제에서 중국 음식은 맛 볼 수 없다.
④ 두 아이는 세계 음악 축제에 관해 이야기하고 있다.

W: Are you ready to go on a _____?

B: _____

M: Welcome to the Robot Museum.

G: Where is the cooking _____?

M: All the robots for homes are on the _____ floor.

G: Thank you. Can I have a floor _____?

M: Here you are.

G: Our next _____ is P.E.

B: Do we play _____ today?

G: No. We play badminton in the gym.

B: I see. Let's go to the gym together.

G: _____ your badminton rackets.

B: Okay.

P.E.는 '체육'을 뜻하며 physical education을 줄인 말입니다. '수학'을 뜻하는 math도 mathematics를 줄인 말이랍니다.

B: Let's go to the World Food Festival together.

G: What can we do at the _____?

B: We can try food from _____ countries.

G: Can we have Mexican food? I like tacos.

B: Sure. I heard there are also Chinese and Thai food.

G: Okay. Let's go there this _____.

13

다음을 듣고, 무엇에 대한 설명인지 고르시오.

① 국수
② 미역국
③ 초콜릿
④ 케이크

14

대화를 듣고, 어떤 상황에서 이루어지는 대화인지 고르시오.

① 조언을 해 주는 상황
② 아픈 곳을 진찰하는 상황
③ 운동을 가르쳐 주는 상황
④ 헬스장 가는 길을 알려 주는 상황

15

다음을 듣고, 그림과 일치하는 것을 고르시오.

①   ②   ③   ④

16

대화를 듣고, 여자아이가 이번 주말에 갈 곳과 같이 갈 사람이 바르게 짝지어진 것을 고르시오.

	갈 곳	같이 갈 사람
①	공원	사촌
②	공원	친구
③	콘서트	엄마
④	콘서트	친구

W: People eat me on their birthdays. I'm made of flour, butter, eggs, and _____. People put _____ on me and sing a birthday _____. What am I?

멕시코 사람들은 생일에 '피냐타'라는 인형에 사탕이나 과자 등 온갖 먹을거리 채운 뒤, 그것을 파티에서 터뜨리며 어울려 노는 풍습이 있다고 해요.

G: I can't get up early these days.
B: What's _____?
G: I go to bed early, but I always need more _____.
B: Maybe you should do some _____.
G: You're right. I should start today.

① M: The boy is wearing _____.
② M: The girl has _____ black hair.
③ M: The girl is _____ than the boy.
④ M: The boy is wearing blue pants.

G: I'm going to go to Good Boy's _____ this weekend.
B: Really? Do you like Good Boy?
G: Yes. I'm a big _____ of that band.
B: Are you going there _____?
G: No. I'm going there with my mom. She's also a big fan.

17

대화를 듣고, 포스터의 빈칸에 들어갈 말이 바르게 짝지어진 것을 고르시오.

(a)   (b)
① September 15th   – ABC City Hall
② September 20th   – Central Concert Hall
③ October 10th   – ABC City Hall
④ October 25th   – Central Concert Hall

18

대화를 듣고, 이어질 응답으로 알맞은 것을 고르시오.

① I didn't order this.
② I loved all the food.
③ I'll have a chicken sandwich.
④ Can I have a glass of orange juice?

19

대화를 듣고, 이어질 응답으로 알맞은 것을 고르시오.

① I took some medicine.
② You don't have a fever.
③ I should go to see a doctor.
④ You should stay in bed today.

20

대화를 듣고, 이어질 응답으로 알맞지 <u>않은</u> 것을 고르시오.

① We can draw pictures.
② We can play board games.
③ Let's ride our bikes at the park.
④ How about watching some movies?

M: Jenny, how was _____ practice?

G: It was great. We are practicing very hard.

M: The fall concert is _____ up. When is it?

G: It's on _____ 20th.

M: I'll be there. It's at the Central Concert Hall, right?

G: Yes, it is.

W: Can I take your _____?

B: What is today's _____ sandwich?

W: It's a chicken sandwich.

B: I'll have that.

W: That's 6 dollars. Anything _____?

B: _____

W: Wake up, Henry. It's time to go to school.

B: Mom, I have a terrible _____.

W: Let me see. Oh, you also have a _____.

B: I have a _____ throat, too.

W: _____

G: It's _____ outside.

B: Oh, no. We can't go out and _____.

G: That's okay. We can still have _____ at home.

B: Really? What can we do at home?

G: _____

● MP3 파일을 잘 듣고, 다음 빈칸을 채워 대화를 완성해 보세요.

"A에는 B의 대답에 어울리는 질문이, B에는 A의 질문에 어울리는 대답이 들어갈 거예요. A와 B가 어떠한 대화를 나누게 될까요?"

01 A   May I use your phone?   내가 너의 전화를 써도 될까?

     B   Sorry. You can't.   미안해. 그럴 수 없어.

02 A   _____

     B   See you.   잘 가.

03 A   _____

     B   I'm sorry.   죄송해요.

04 A   What happened to your arm?   너의 팔에 무슨 일이 생긴 거니?

     B   _____

05 A   What can we do at the festival?   우리는 그 축제에서 무엇을 할 수 있니?

     B   _____

"한 번에 문장을 다 쓰긴 어려워요. 여러 번 들으면서 메모하며 천천히 적어도 좋아요. 문장이 완성되면, 우리말 뜻도 적어 보세요!"

06 The boy is wearing blue pants   .

그 소년은 파란색 바지를 입고 있다.

07 I'm   .

08 You   .

09 I'm   .

10 You   .

SPEAK UP

● **주어진 우리말 의미에 맞게 영어로 말해 보세요.**

STEP1 우리말을 읽고, 앞에서 학습한 내용을 이용하여 영어로 말해 봐요. 말한 뒤에는 네모 박스에 체크해요.
STEP2 주어진 어휘 또는 표현들을 이용하여 문장을 완성해요.

01 나는 그 밴드의 열성 팬이야. (big fan of)

STEP1 ☐

STEP2 _____

02 제가 당신의 의자를 써도 되나요? (may)

STEP1 ☐

STEP2 _____

03 우리는 다른 나라에서 온 음식을 먹어 볼 수 있어. (try, different)

STEP1 ☐

STEP2 _____

04 너는 그에게 물어봐야 해. (should)

STEP1 ☐

STEP2 _____

05 그 소년은 초록색 모자를 쓰고 있어. (wear, cap)

STEP1 ☐

STEP2 _____

06 나는 달리기 선수를 찾고 있어. (look for, runner)

STEP1 ☐

STEP2 _____

07 너의 팔에 무슨 일이 생긴 거니? (happen, arm)

STEP1 ☐

STEP2 _____

Listen & Speak Up 4

새로운 어휘들을 미리 공부해 볼까요?

| 정답과 해설 20쪽 |

A MP3 파일을 잘 듣고, 알맞은 번호 옆에 어휘의 철자와 뜻을 쓰세요.
뒷장으로 넘어가기 전, 한 번 더 들어 보고 싶은 경우에는 네모 박스에 체크하세요.

01 ☐ **go for a walk**   산책하러 가다   06 ☐ _____ _____

02 ☐ _____ _____   07 ☐ _____ _____

03 ☐ _____ _____   08 ☐ _____ _____

04 ☐ _____ _____   09 ☐ _____ _____

05 ☐ _____ _____   10 ☐ _____ _____

B 주어진 우리말 의미에 맞도록 빈칸을 채우세요.
위에서 학습한 어휘들을 이용해 보세요.

01 밖으로 산책하러 가다 _____ _____ a walk outside

02 사막에 관해 쓰다 write about _____s

03 주제를 바꾸다 change the _____

04 곤충의 한 종류 a kind of _____

05 땅 밑에서 under the _____

06 나는 매우 신이 나. I'm so _____.

07 나는 너에게 지난주에 용돈을 주었다. I gave you _____ _____ last week.

08 나는 장갑을 짤 것이다. I'll _____ some gloves.

09 그거 수리소에 가져가 보는 게 어때? How about taking it to the _____ _____ ?

10 여기 영수증이 있어요. Here is the _____.

듣기평가 모의고사 4

● MP3 파일을 잘 듣고, 물음에 답하세요.

01
241037-0076

다음을 듣고, 그림의 상황에 가장 알맞은 것을 고르시오.

①   ②   ③   ④

02
241037-0077

대화를 듣고, 언제 나누는 대화인지 고르시오.

① 사과할 때
② 초대할 때
③ 위로할 때
④ 음식을 권할 때

03
241037-0078

대화를 듣고, 두 사람은 무엇에 관해 이야기하는지 고르시오.

① 학교 신문
② 학교 소풍
③ 가족 나들이
④ 학교 운동회

04
241037-0079

대화를 듣고, 두 사람이 보고 있는 표지판을 고르시오.

①    ②

③    ④

05
241037-0080

다음을 듣고, 자연스러운 대화를 고르시오.

①   ②   ③   ④

06
241037-0081

다음을 듣고, 여자아이가 할 말로 알맞은 것을 고르시오.

①   ②   ③   ④

07
241037-0082

대화를 듣고, 무엇에 관해 이야기하는지 고르시오.

① 사막 동물
② 수학 시험
③ 과학 숙제
④ 환경 보호

08
241037-0083

대화를 듣고, 여자아이가 용돈을 추가로 필요로 하는 이유를 고르시오.

① 책을 사려고
② 학용품을 사려고
③ 버스 교통비가 필요해서
④ 친구 생일 선물을 사려고

09
241037-0084

다음을 듣고, 이어질 응답으로 가장 알맞은 것을 고르시오.

① I ate spaghetti for lunch.
② No. I'll go and buy some milk.
③ Why don't we have spaghetti for lunch?
④ Yes. We have tomatoes, onions, and bacon.

10
241037-0085

대화를 듣고, 여자가 찾고 있는 것이 어디에 있는지 고르시오.

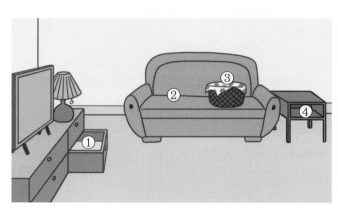

11

241037-0086

대화를 듣고, 남자아이가 좋아하는 동물을 고르시오.

① 악어
② 사자
③ 코끼리
④ 코알라

12

241037-0087

대화를 듣고, 메모를 보면서 대화의 내용과 일치하지 않는 것을 고르시오.

13

241037-0088

다음을 듣고, 무엇에 대한 설명인지 고르시오.

① 개미
② 거미
③ 꿀벌
④ 전갈

14

241037-0089

대화를 듣고, 어떤 상황에서 이루어지는 대화인지 고르시오.

① 초대하는 상황
② 위로하는 상황
③ 축하하는 상황
④ 조언하는 상황

15

241037-0090

다음을 듣고, 그림과 일치하는 것을 고르시오.

①   ②   ③   ④

16

241037-0091

대화를 듣고, 두 사람이 갈 곳과 그곳의 오늘 날씨가 바르게 짝지어진 것을 고르시오.

갈 곳	오늘 날씨
① 춘천	– 비
② 춘천	– 맑음
③ 부산	– 맑음
④ 부산	– 흐림

17

241037-0092

대화를 듣고, 두 사람이 대화하고 있는 장소를 고르시오.

① 산
② 바다
③ 동굴
④ 스케이트장

18

241037-0093

대화를 듣고, 이어질 응답으로 알맞은 것을 고르시오.

① Great. I'll take it.
② I'm looking for a cup.
③ Sorry. We don't have any cups.
④ Sure. We have this one with hearts.

19

241037-0094

대화를 듣고, 이어질 응답으로 알맞은 것을 고르시오.

① It will arrive in a week.
② I went to Jejudo last week.
③ I wrote it to my grandmother.
④ You should take an airplane to go to Jejudo.

20

241037-0095

대화를 듣고, 이어질 응답으로 알맞지 않은 것을 고르시오.

① We played a board game.
② We didn't go to the party.
③ We watched a magic show.
④ We made popcorn and watched some movies.

● MP3 파일을 잘 듣고, 물음에 답하세요.

01
▶ 241037-0096

대화를 듣고, 여자아이가 Mike에게 전화하려는 목적을 고르시오.

① 컴퓨터를 빌리려고
② 숙제를 함께 하려고
③ 숙제에 관해 물어보려고
④ 컴퓨터를 고쳐 달라고 부탁하려고
⑤ 서비스 센터에 함께 가자고 하려고

02
▶ 241037-0097

대화를 듣고, 남자아이가 내일 할 일을 고르시오.

① 친구와 부산 여행하기
② 친구와 축구 경기하기
③ FC 부산 유니폼 사러 가기
④ 친구들과 축구 경기 관람하러 가기
⑤ 가족과 부산에 가서 축구 경기 관람하기

03
▶ 241037-0098

대화를 듣고, 여자아이가 치마를 교환하려는 이유를 고르시오.

① 사이즈가 작아서
② 다른 물건으로 바꾸려고
③ 색깔이 마음에 들지 않아서
④ 디자인이 마음에 들지 않아서
⑤ 가게 서비스가 마음에 들지 않아서

04
▶ 241037-0099

다음을 듣고, 대화가 자연스럽지 않은 것을 고르시오.

①   ②   ③   ④   ⑤

05
▶ 241037-0100

대화를 듣고, 그림의 상황에 가장 적절한 것을 고르시오.

①   ②   ③   ④   ⑤

● MP3 파일을 잘 듣고, 다음 빈칸을 채워 보세요. 빈칸을 채운 뒤, 한 번 더 문제를 풀어 보세요.

01

다음을 듣고, 그림의 상황에 가장 알맞은 것을 고르시오.

①   ②   ③   ④

02

대화를 듣고, 언제 나누는 대화인지 고르시오.

① 사과할 때
② 초대할 때
③ 위로할 때
④ 음식을 권할 때

03

대화를 듣고, 두 사람은 무엇에 관해 이야기하는지 고르시오.

① 학교 신문
② 학교 소풍
③ 가족 나들이
④ 학교 운동회

04

대화를 듣고, 두 사람이 보고 있는 표지판을 고르시오.

①   ②

③   ④

① B: What day is it today?

   G: It's _____.

② B: I'm going for a walk outside.

   G: It's cold and _____. Take your jacket.

③ B: How about playing soccer?

   G: I can't. I have to take _____ of my brother.

④ B: What are you going to do this afternoon?

   G: I am going to play soccer.

G: Do you want some hamburgers, Grandpa?

M: No, _____, Tina. I don't like hamburgers much.

G: Then how about some _____?

M: That _____ good.

> 햄버거(hamburger)는 독일의 지명 함부르크(Hamburg)에서 유래된 이름이랍니다.

B: Did you _____ that? We are going to Happy Land!

G: Are you talking about the school _____ next week?

B: Yeah. I'm so excited.

G: Me, too. I can't _____.

G: Let's eat some snacks. I'm _____.

B: No, we shouldn't. Look at the _____. No food.

G: Oh, I didn't know that.

B: Let's have some snacks outside the _____ later.

05

다음을 듣고, 자연스러운 대화를 고르시오.

①   ②   ③   ④

① B: When is your birthday?

   G: It's November 6th.

② B: What's the _____ today?

   G: It's next Tuesday.

③ B: What will you do tomorrow?

   G: I did my _____.

④ B: Can you bring the _____?

   G: No, thank you. I don't need them.

06

다음을 듣고, 여자아이가 할 말로 알맞은 것을 고르시오.

①   ②   ③   ④

① G: I didn't _____ my bag.

② G: I lost my bike.

③ G: I _____ riding my bike.

④ G: Where is the post _____?

07

대화를 듣고, 무엇에 관해 이야기하는지 고르시오.

① 사막 동물
② 수학 시험
③ 과학 숙제
④ 환경 보호

B: Jane, did you _____ the science homework?

G: Not yet. But I want to write about _____.

B: What? We should write about a sea animal.

G: Really? I didn't know that. I should _____ my topic.

08

대화를 듣고, 여자아이가 용돈을 추가로 필요로 하는 이유를 고르시오.

① 책을 사려고
② 학용품을 사려고
③ 버스 교통비가 필요해서
④ 친구 생일 선물을 사려고

G: Dad, can I have $30?

M: Jinny, I gave you _____ money last week.

G: I used it all for my friend's birthday _____.

M: Okay. But what do you need $30 for?

G: I have to buy some books for English _____.

M: All right. Here you are.

09

다음을 듣고, 이어질 응답으로 가장 알맞은 것을 고르시오.

① I ate spaghetti for lunch.
② No. I'll go and buy some milk.
③ Why don't we have spaghetti for lunch?
④ Yes. We have tomatoes, onions, and bacon.

10

대화를 듣고, 여자가 찾고 있는 것이 어디에 있는지 고르시오.

11

대화를 듣고, 남자아이가 좋아하는 동물을 고르시오.

① 악어
② 사자
③ 코끼리
④ 코알라

12

대화를 듣고, 메모를 보면서 대화의 내용과 일치하지 <u>않는</u> 것을 고르시오.

W: Let's make spaghetti for _____. Do we have tomatoes?

B: _____

B: Mom, what are you making?

W: I'm knitting some _____. Can you bring me the scissors?

B: No problem. Are they in the _____ on the sofa?

W: No, they're in the drawer _____ the lamp.

B: Oh, I found them.

B: This zoo is very big.

G: Look! There are koalas in the _____.

B: They are so _____! Where are the lions? I like them the most.

G: The lions are _____ to the elephants.

B: Mom, I'm home.

W: Mike, I have a telephone _____ from Susie.

B: What did she say?

W: She changed the meeting time to 3:00. It's not 2:00 _____.

B: Anything else?

W: You should _____ her at Joe's Cafe.

B: I see. Thank you.

13

다음을 듣고, 무엇에 대한 설명인지 고르시오.

① 개미
② 거미
③ 꿀벌
④ 전갈

M: I am a kind of _____. I have six legs. My friends and I live under the _____. We all have jobs. Almost all of us are _____. We have one queen.

> 개미는 주로 집단생활을 하는데요. 여왕개미, 수개미, 병정개미, 일개미 등이 각자가 타고난 역할에 맞게 주로 땅 속에서 작은 사회를 이뤄 산답니다.

14

대화를 듣고, 어떤 상황에서 이루어지는 대화인지 고르시오.

① 초대하는 상황
② 위로하는 상황
③ 축하하는 상황
④ 조언하는 상황

G: How was the soccer game?

B: My team _____ by three goals.

G: Oh, I'm sorry to hear that.

B: I had a chance, but I couldn't _____ a goal.

G: You'll do _____ next time. Don't worry.

15

다음을 듣고, 그림과 일치하는 것을 고르시오.

① ② ③ ④

① W: There is one picture on the _____.
② W: There are four candles on the cake.
③ W: There aren't any _____ in the vase.
④ W: There are three _____ in the basket.

16

대화를 듣고, 두 사람이 갈 곳과 그곳의 오늘 날씨가 바르게 짝지어진 것을 고르시오.

갈 곳	오늘 날씨
① 춘천	– 비
② 춘천	– 맑음
③ 부산	– 맑음
④ 부산	– 흐림

B: Kelly, are you ready for the camping _____ today?

G: Sure. How's the _____ in Chuncheon?

B: It'll rain all day today, but it'll be okay tomorrow.

G: Then let's take _____.

B: Yes.

17

대화를 듣고, 두 사람이 대화하고 있는 장소를 고르시오.

① 산
② 바다
③ 동굴
④ 스케이트장

M: Watch out!

G: Oh, thanks. I didn't see that _____.

M: When you _____, you should be careful.

G: Okay. The air is so _____ here.

M: Yeah, let's take a picture at the top.

18

대화를 듣고, 이어질 응답으로 알맞은 것을 고르시오.

① Great. I'll take it.
② I'm looking for a cup.
③ Sorry. We don't have any cups.
④ Sure. We have this one with hearts.

W: May I help you?

M: Yes, please. I'm looking for a _____.

W: How about this one with _____?

M: Well... do you have any _____ designs?

W: _____

19

대화를 듣고, 이어질 응답으로 알맞은 것을 고르시오.

① It will arrive in a week.
② I went to Jejudo last week.
③ I wrote it to my grandmother.
④ You should take an airplane to go to Jejudo.

M: Can I help you?

G: Yes. I want to send this _____.

M: To _____?

G: To Jejudo.

M: Okay. That'll be $15.

G: When will it _____?

M: _____

20

대화를 듣고, 이어질 응답으로 알맞지 <u>않은</u> 것을 고르시오.

① We played a board game.
② We didn't go to the party.
③ We watched a magic show.
④ We made popcorn and watched some movies.

B: What did you do _____, Mina?

G: My brother and I went to Jenny's birthday _____.

B: _____ did you do there?

G: _____

Listen & Speak Up 4

FLY UP

● MP3 파일을 잘 듣고, 다음 빈칸을 채워 대화를 완성해 보세요.

> "A에는 B의 대답에 어울리는 질문이, B에는 A의 질문에 어울리는 대답이 들어갈 거예요. A와 B가 어떠한 대화를 나누게 될까요?"

01 A   <u>What are you going to do this afternoon?</u>   <u>너는 오늘 오후에 무엇을 할 예정이니?</u>

    B   I am going to play soccer.   나는 축구를 할 거야.

02 A   _____   _____

    B   No, thanks.   아니, 괜찮아요.

03 A   _____   _____

    B   They are so cute.   정말 귀엽다.

04 A   I had a chance, but I couldn't score a goal.   나에게 기회가 있었는데 득점하지 못했어.

    B   _____   _____

05 A   _____   _____

    B   Sure. I'll have some lemonade.   물론이지. 나는 레몬에이드를 마실게.

"한 번에 문장을 다 쓰긴 어려워요. 여러 번 들으면서 메모하며 천천히 적어도 좋아요. 문장이 완성되면, 우리말 뜻도 적어 보세요!"

06 There _aren't any flowers in the vase_ .

꽃병 안에 꽃이 하나도 없다.

07 I _____ .

_____

08 What _____ ?

_____

09 I _____ .

_____

10 Do _____ ?

_____

● **주어진 우리말 의미에 맞게 영어로 말해 보세요.**

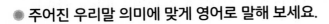

STEP1 우리말을 읽고, 앞에서 학습한 내용을 이용하여 영어로 말해 봐요. 말한 뒤에는 네모 박스에 체크해요.

STEP2 주어진 어휘 또는 표현들을 이용하여 문장을 완성해요.

01 너 햄버거 좀 먹을래? (want, some)

STEP1 ☐

STEP2 _____

02 너는 다음번에는 더 잘할 거야. (better)

STEP1 ☐

STEP2 _____

03 지금 당장 내가 그에게 전화해 볼게. (right)

STEP1 ☐

STEP2 _____

04 나는 그 남자를 보지 못했어. (man)

STEP1 ☐

STEP2 _____

05 너는 이번 주말에 무엇을 할 예정이니? (going, weekend)

STEP1 ☐

STEP2 _____

06 너는 어제 무엇을 했니? (yesterday)

STEP1 ☐

STEP2 _____

07 너 뭐 좀 마실래? (would, something)

STEP1 ☐

STEP2 _____

Listen & Speak Up 5

새로운 어휘들을 미리 공부해 볼까요?

| 정답과 해설 26쪽 |

A MP3 파일을 잘 듣고, 알맞은 번호 옆에 어휘의 철자와 뜻을 쓰세요.
뒷장으로 넘어가기 전, 한 번 더 들어 보고 싶은 경우에는 네모 박스에 체크하세요.

01 ☐ congratulation   축하, 축하 인사   06 ☐ _____   _____

02 ☐ _____   _____   07 ☐ _____   _____

03 ☐ _____   _____   08 ☐ _____   _____

04 ☐ _____   _____   09 ☐ _____   _____

05 ☐ _____   _____   10 ☐ _____   _____

B 주어진 우리말 의미에 맞도록 빈칸을 채우세요.
위에서 학습한 어휘들을 이용해 보세요.

01 수상 스포츠를 즐기다   _____ water sports

02 자원봉사 활동을 하다   do some _____ work

03 녹색 잎   green _____

04 도서관에 가다   go to the _____

05 이 책들을 대출하다   _____ _____ these books

06 축하해.   _____.

07 방과 후에 영화를 보러 가지 않을래?   Why don't we _____ a movie after school?

08 나는 그에게 나의 이어폰을 주었다.   I gave him my _____s.

09 나의 이웃이 음악을 시끄럽게 연주했다.   My _____ played music loudly.

10 저는 그것들을 이 선반 위에 둘게요.   I'll put them on this _____.

● MP3 파일을 잘 듣고, 물음에 답하세요.

01
▶ 241037-0101

다음을 듣고, 그림의 상황에 가장 알맞은 것을 고르시오.

①   ②   ③   ④

02
▶ 241037-0102

대화를 듣고, 언제 나누는 대화인지 고르시오.

① 축하할 때
② 사과할 때
③ 위로할 때
④ 부탁할 때

03
▶ 241037-0103

대화를 듣고, 두 사람은 무엇에 관해 이야기하는지 고르시오.

① 좋아하는 과목
② 좋아하는 음식
③ 좋아하는 계절
④ 좋아하는 색깔

04
▶ 241037-0104

대화를 듣고, 두 사람이 마실 음료를 고르시오.

①    ②

③   ④

05
▶ 241037-0105

다음을 듣고, 자연스러운 대화를 고르시오.

①   ②   ③   ④

06

241037-0106

다음을 듣고, 여자아이가 할 말로 알맞은 것을 고르시오.

①   ②   ③   ④

07

241037-0107

대화를 듣고, 무엇에 관해 이야기하는지 고르시오.

① 병원 진료
② 방학 계획
③ 좋아하는 책
④ 자원봉사 활동

08

241037-0108

대화를 듣고, 남자아이가 영화를 보러 가지 <u>못하는</u> 이유를 고르시오.

① 심부름을 해야 해서
② 수학 공부를 해야 해서
③ 무서운 영화를 싫어해서
④ 영어 보충 수업을 들어야 해서

09

241037-0109

다음을 듣고, 이어질 응답으로 가장 알맞은 것을 고르시오.

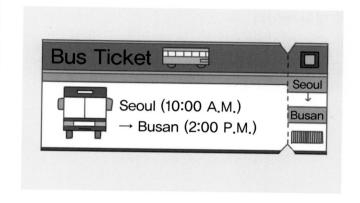

① It arrives at three.
② It's three meters long.
③ It takes about four hours.
④ You can get there on time.

10

241037-0110

대화를 듣고, 남자아이가 찾고 있는 것이 어디에 있는지 고르시오.

11
🔘 241037-0111

대화를 듣고, 남자아이가 가입할 동아리를 고르시오.

① 춤 동아리
② 영화 동아리
③ 밴드 동아리
④ 정원 가꾸기 동아리

13
🔘 241037-0113

다음을 듣고, 무엇에 대한 설명인지 고르시오.

① 장갑
② 모자
③ 부츠
④ 목도리

14
🔘 241037-0114

대화를 듣고, 어떤 상황에서 이루어지는 대화인지 고르시오.

① 컵케이크를 고르는 상황
② 카페에서 음료를 주문하는 상황
③ 케이크 만드는 법을 배우는 상황
④ 케이크 가게 가는 길을 알려 주는 상황

12
🔘 241037-0112

대화를 듣고, 대화의 내용과 일치하지 <u>않는</u> 것을 고르시오.

① Mr. Jackson은 의사이다.
② 여자아이는 감기에 걸렸다.
③ 여자아이는 아침 식사를 했다.
④ 여자아이는 점심 식사 후에 약을 먹어야 한다.

15
🔘 241037-0115

다음을 듣고, 그림과 일치하는 것을 고르시오.

①   ②   ③   ④

16

241037-0116

대화를 듣고, 두 사람이 만날 시각과 장소가 바르게 짝지어진 것을 고르시오.

만날 시각		장소
① 2시	–	쇼핑몰
② 2시	–	버스 정류장
③ 4시	–	쇼핑몰
④ 4시	–	버스 정류장

17

241037-0117

대화를 듣고, 여자아이가 이번 주 토요일에 할 일을 고르시오.

① 독서하기

② 수영하기

③ 자전거 타기

④ 아빠와 축구하기

18

241037-0118

대화를 듣고, 이어질 응답으로 알맞은 것을 고르시오.

① He's my uncle.

② He lives near my house.

③ He has short brown hair.

④ He is wearing a black shirt and jeans.

19

241037-0119

대화를 듣고, 이어질 응답으로 알맞은 것을 고르시오.

① I fell asleep around 1:00 a.m.

② I listened to music yesterday.

③ I played music with my neighbor.

④ I woke up at 7:00 in the morning.

20

241037-0120

대화를 듣고, 이어질 응답으로 알맞지 <u>않은</u> 것을 고르시오.

① I cooked a steak for dinner.

② Yes. I love eating pancakes for breakfast.

③ No. I just drink warm tea in the morning.

④ Of course. Breakfast is my favorite meal of the day.

LISTEN UP 실력 높여 보기

| 정답과 해설 30쪽 |

● MP3 파일을 잘 듣고, 물음에 답하세요.

01 ▶ 241037-0121

대화를 듣고, 남자아이가 준하를 찾는 목적을 고르시오.

① 이어폰이 필요해서
② 함께 빵을 만들려고
③ 함께 운동을 하려고
④ 전해 줄 것이 있어서
⑤ 도서관에 함께 가려고

02 ▶ 241037-0122

대화를 듣고, 여자아이가 내일 할 일을 고르시오.

① 꽃 사기
② 선물하기
③ 차 마시기
④ 풍선 사기
⑤ 케이크 사기

03 ▶ 241037-0123

대화를 듣고, 여자아이가 책을 빌릴 수 없는 이유를 고르시오.

① 책이 파손되어서
② 빌리고 싶은 책이 없어서
③ 도서관 카드를 안 가져와서
④ 책 읽는 것을 좋아하지 않아서
⑤ 빌리고 싶은 책이 대출 중이라서

04 ▶ 241037-0124

다음을 듣고, 대화가 자연스럽지 않은 것을 고르시오.

①   ②   ③   ④   ⑤

05 ▶ 241037-0125

대화를 듣고, 영화가 시작하는 시각을 고르시오.

① 3:00
② 3:20
③ 3:40
④ 4:00
⑤ 5:00

● MP3 파일을 잘 듣고, 다음 빈칸을 채워 보세요. 빈칸을 채운 뒤, 한 번 더 문제를 풀어 보세요.

01

다음을 듣고, 그림의 상황에 가장 알맞은 것을 고르시오.

① ② ③ ④

① W: Would you like some _____?

  M: No, thank you. I'm not hungry.

② W: What do you want to have?

  M: I want some _____.

③ W: Your cake tastes very _____.

  M: I'm glad to hear that.

④ W: What's your favorite dessert?

  M: My favorite dessert is cookies.

02

대화를 듣고, 언제 나누는 대화인지 고르시오.

① 축하할 때
② 사과할 때
③ 위로할 때
④ 부탁할 때

B: Yuna, how was the science _____?

G: It was good. Actually, I won first _____.

B: Really? You worked very _____. Congratulations.

03

대화를 듣고, 두 사람은 무엇에 관해 이야기하는지 고르시오.

① 좋아하는 과목
② 좋아하는 음식
③ 좋아하는 계절
④ 좋아하는 색깔

G: Mike, what's your favorite _____?

B: It is winter. I love snow. How about you?

G: I like _____.

B: Why?

G: Because I can enjoy _____ sports.

수상 스포츠(water sports)는 물에서 즐길 수 있는 다양한 스포츠를 말합니다. 대표적인 것으로는 수영, 조정, 카누, 요트 등이 있답니다.

04

대화를 듣고, 두 사람이 마실 음료를 고르시오.

① ②

③ ④

G: It's very hot today.

B: Let's drink something _____. How about a cola?

G: I don't like cola that much. I like orange _____.

B: Okay. I'll have the _____.

05

다음을 듣고, 자연스러운 대화를 고르시오.

①   ②   ③   ④

① B: How do you go to school?

    G: I go to school by 8.

② B: How was your camping?

    G: Not so good. It _____ all day.

③ B: Where is your mom?

    G: I'm _____ now.

④ B: Look! There are many _____ cars.

    G: The movie was interesting.

06

다음을 듣고, 여자아이가 할 말로 알맞은 것을 고르시오.

①   ②   ③   ④

① G: Can I _____ you?

② G: Can you _____ a taxi?

③ G: Can you open the _____?

④ G: Can I open the window?

07

대화를 듣고, 무엇에 관해 이야기하는지 고르시오.

① 병원 진료
② 방학 계획
③ 좋아하는 책
④ 자원봉사 활동

B: Lisa, what will you do tomorrow?

G: I'll go to the children's _____ for some volunteer work.

B: What do you do there?

G: I read _____ to the children.

B: That's great. Can I _____ you?

G: Sure.

08

대화를 듣고, 남자아이가 영화를 보러 가지 못하는 이유를 고르시오.

① 심부름을 해야 해서
② 수학 공부를 해야 해서
③ 무서운 영화를 싫어해서
④ 영어 보충 수업을 들어야 해서

G: Jinsu, why don't we see a _____ after school?

B: Sorry, I can't. I should _____ for the math test.

G: When is the _____?

B: It's tomorrow.

09

다음을 듣고, 이어질 응답으로 가장 알맞은 것을 고르시오.

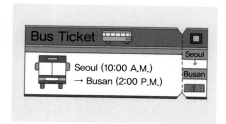

① It arrives at three.
② It's three meters long.
③ It takes about four hours.
④ You can get there on time.

10

대화를 듣고, 남자아이가 찾고 있는 것이 어디에 있는지 고르시오.

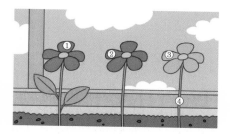

11

대화를 듣고, 남자아이가 가입할 동아리를 고르시오.

① 춤 동아리
② 영화 동아리
③ 밴드 동아리
④ 정원 가꾸기 동아리

12

대화를 듣고, 대화의 내용과 일치하지 <u>않는</u> 것을 고르시오.

① Mr. Jackson은 의사이다.
② 여자아이는 감기에 걸렸다.
③ 여자아이는 아침 식사를 했다.
④ 여자아이는 점심 식사 후에 약을 먹어야 한다.

M: How _____ does it take from Seoul to Busan?
W: _____

W: Look! There is a _____!
B: Oh, I want to see it, too. Where is it?
W: It's on the red _____.
B: I can't see it well. Where?
W: It's on the _____ flower with green leaves.
B: Now I see it. It's so cute.

무당벌레(ladybug)는 알록달록한 예쁜 색깔을 가지고 있어요. 그래서 (예쁘게 꾸민) 숙녀(lady)와 벌레(bug)를 합쳐서 만든 이름이라는 이야기가 있답니다.

B: What _____ do you want to join?
G: I'm thinking about the _____ club.
B: Sounds good. I want to join the _____ club.
G: I like your hip-hop dancing. You'll do great.

G: Mr. Jackson, I have a _____ and a runny nose.
M: You have a bad cold. Did you have _____?
G: No, I didn't.
M: Then have lunch and then take this _____.
G: Okay. Thank you.

13

다음을 듣고, 무엇에 대한 설명인지 고르시오.

① 장갑
② 모자
③ 부츠
④ 목도리

W: This is usually long and _____. You use this a lot in winter. You can put this _____ your neck. Then, this will keep you _____.

14

대화를 듣고, 어떤 상황에서 이루어지는 대화인지 고르시오.

① 컵케이크를 고르는 상황
② 카페에서 음료를 주문하는 상황
③ 케이크 만드는 법을 배우는 상황
④ 케이크 가게 가는 길을 알려 주는 상황

W: Hello. May I help you?
B: Yes, please. I'm looking for a _____ for my sister.
W: How about this _____ cupcake? It just came out.
B: It looks _____. I'll take it.

15

다음을 듣고, 그림과 일치하는 것을 고르시오.

①   ②   ③   ④

① M: The green backpack is 15 dollars.
② M: The red backpack is _____ than the blue backpack.
③ M: The blue backpack is _____ than the red backpack.
④ M: The blue backpack has _____ pockets than the red backpack.

16

대화를 듣고, 두 사람이 만날 시각과 장소가 바르게 짝지어진 것을 고르시오.

만날 시각	장소
① 2시	– 쇼핑몰
② 2시	– 버스 정류장
③ 4시	– 쇼핑몰
④ 4시	– 버스 정류장

B: Let's go _____. I need some new clothes.
G: Okay. What _____ do you want to go?
B: How about at two?
G: Sounds good.
B: See you at the bus _____ at two.
G: Okay.

17

대화를 듣고, 여자아이가 이번 주 토요일에 할 일을 고르시오.

① 독서하기
② 수영하기
③ 자전거 타기
④ 아빠와 축구하기

G: Kevin, what do you do on Saturdays?

B: I play _____ with my dad. How about you?

G: I usually go to the _____. But I'll go _____ this Saturday.

B: That sounds fun. Have a great time.

18

대화를 듣고, 이어질 응답으로 알맞은 것을 고르시오.

① He's my uncle.
② He lives near my house.
③ He has short brown hair.
④ He is wearing a black shirt and jeans.

G: I'm looking for my little brother, Eric.

B: What does he look _____?

G: He has short, _____ hair.

B: What is he _____?

G: _____

19

대화를 듣고, 이어질 응답으로 알맞은 것을 고르시오.

① I fell asleep around 1:00 a.m.
② I listened to music yesterday.
③ I played music with my neighbor.
④ I woke up at 7:00 in the morning.

W: Jake, you look so _____.

M: Yeah, I _____ up late last night.

W: Why?

M: My neighbor played _____ loudly. I couldn't sleep.

W: That's bad. What time did you fall asleep?

M: _____

20

대화를 듣고, 이어질 응답으로 알맞지 <u>않은</u> 것을 고르시오.

① I cooked a steak for dinner.
② Yes. I love eating pancakes for breakfast.
③ No. I just drink warm tea in the morning.
④ Of course. Breakfast is my favorite meal of the day.

B: What _____ do you usually get up, Jisu?

G: I get up at seven.

B: Wow. That's _____. Do you have breakfast _____ day?

G: _____

Listen & Speak Up 5

Listen & Speak Up 5

● MP3 파일을 잘 듣고, 다음 빈칸을 채워 대화를 완성해 보세요.

> "A에는 B의 대답에 어울리는 질문이, B에는 A의 질문에 어울리는 대답이 들어갈 거예요. A와 B가 어떠한 대화를 나누게 될까요?"

01 A   Would you like some cake?   너 케이크 좀 먹을래?

       B   No, thank you. I'm not hungry.   아뇨, 괜찮습니다. 저는 배가 안 고파요.

02 A   _____   _____

       B   It is winter.   겨울이야.

03 A   What do you do on Saturdays?   너는 토요일마다 뭐하니?

       B   _____   _____

04 A   _____   _____

       B   He has short, curly hair.   그는 짧은 곱슬머리를 가지고 있어.

05 A   What time do you usually get up?   너는 보통 몇 시에 일어나니?

       B   _____   _____

"한 번에 문장을 다 쓰긴 어려워요. 여러 번 들으면서 메모하며 천천히 적어도 좋아요. 문장이 완성되면, 우리말 뜻도 적어 보세요!"

06 How _was the science contest_____?

과학 경연 대회는 어떻게 되었니?

07 Can _____?

_____

08 It _____.

_____

09 What _____?

_____

10 I _____.

_____

● **주어진 우리말 의미에 맞게 영어로 말해 보세요.**

STEP1 우리말을 읽고, 앞에서 학습한 내용을 이용하여 영어로 말해 봐요. 말한 뒤에는 네모 박스에 체크해요.

STEP2 주어진 어휘 또는 표현들을 이용하여 문장을 완성해요.

01 그는 어떻게 생겼니? (look like)

STEP1 ☐

STEP2 _____

02 영어 시험은 어떻게 되었니? (English test)

STEP1 ☐

STEP2 _____

03 약 4시간 정도 걸린다. (take, about)

STEP1 ☐

STEP2 _____

04 너는 어떤 동아리에 가입하고 싶니? (club, join)

STEP1 ☐

STEP2 _____

05 나는 7시에 일어나. (get up)

STEP1 ☐

STEP2 _____

06 나는 아빠와 축구를 해. (play)

STEP1 ☐

STEP2 _____

07 나는 수학 시험을 위해 공부해야 해. (should)

STEP1 ☐

STEP2 _____

Listen & Speak Up 6

WARM UP

새로운 어휘들을 미리 공부해 볼까요?

| 정답과 해설 32쪽 |

A MP3 파일을 잘 듣고, 알맞은 번호 옆에 어휘의 철자와 뜻을 쓰세요.
뒷장으로 넘어가기 전, 한 번 더 들어 보고 싶은 경우에는 네모 박스에 체크하세요.

01 ☐ **weekend**   주말

02 ☐

03 ☐

04 ☐

05 ☐

06 ☐

07 ☐

08 ☐

09 ☐

10 ☐

B 주어진 우리말 의미에 맞도록 빈칸을 채우세요.
위에서 학습한 어휘들을 이용해 보세요.

01 이번 주말   this _____

02 병원에서   in the _____

03 맛있는 음식   _____ food

04 우체국에 가다   go to the _____ _____

05 채소를 기르다   grow _____s

06 사진을 찍어도 될까요?   May I take a _____?

07 네가 가장 좋아하는 작가는 누구니?   Who is your favorite _____?

08 나는 우주 캠프에 참석할 거야.   I will attend a _____ camp.

09 주문하시겠어요?   May I take your _____?

10 그것은 너무 비싸.   It's too _____.

● MP3 파일을 잘 듣고, 물음에 답하세요.

01
241037-0126

다음을 듣고, 그림의 상황에 가장 알맞은 것을 고르시오.

①   ②   ③   ④

02
241037-0127

대화를 듣고, 허락을 요청할 때 나누는 대화로 알맞은 것을 고르시오.

①   ②   ③   ④

03
241037-0128

대화를 듣고, 두 사람은 어떤 관계인지 고르시오.

① 환자 – 의사
② 학생 – 선생님
③ 관광객 – 안내원
④ 손님 – 가게 점원

04
241037-0129

대화를 듣고, 남자아이가 여름 방학에 할 일을 고르시오.

① 캠핑하기
② 축구하기
③ 별에 대해 배우기
④ 낚시하는 방법 배우기

05
241037-0130

다음을 듣고, 알맞은 응답을 고르시오.

①   ②   ③   ④

06

▶ 241037-0131

다음을 듣고, 남자아이가 할 말로 알맞은 것을 고르시오.

①   ②   ③   ④

07

▶ 241037-0132

대화를 듣고, 무엇에 관해 이야기하는지 고르시오.

① 물건 사기
② 방학 계획
③ 장래 희망
④ 좋아하는 과목

08

▶ 241037-0133

대화를 듣고, 남자아이가 주말에 기분이 좋았던 이유를 고르시오.

① 음식 축제에 가서
② 현장 학습을 가서
③ 요리를 배우러 가서
④ 소풍을 가서 맛있는 음식을 먹어서

09

▶ 241037-0134

다음을 듣고, 이어질 응답으로 가장 알맞은 것을 고르시오.

① It's too late. Hurry up.
② We closed the window.
③ I go to the store at 10 o'clock.
④ We close at 6:00 in the evening.

10

▶ 241037-0135

다음을 듣고, 여자가 할 말로 알맞은 것을 고르시오.

①   ②   ③   ④

Listen & Speak Up 6

11

▶ 241037-0136

대화를 듣고, 두 아이가 만나기로 한 시각을 고르시오.

① 오후 2시
② 오후 4시
③ 오후 6시
④ 오후 8시

12

▶ 241037-0137

대화를 듣고, 대화의 내용과 일치하는 것을 고르시오.

① 남자아이는 체육을 좋아한다.
② 남자아이는 음악을 듣고 있다.
③ 남자아이는 가끔 그림을 그린다.
④ 여자아이가 가장 좋아하는 과목은 체육이다.

13

▶ 241037-0138

대화를 듣고, 여자아이의 방으로 알맞은 것을 고르시오.

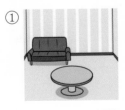 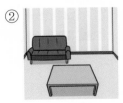

14

▶ 241037-0139

대화를 듣고, 어떤 상황에서 이루어지는 대화인지 고르시오.

① 자전거 여행에 대해 배우는 상황
② 수영하는 법에 대해 배우는 상황
③ 여름에 했던 일에 대해 묻는 상황
④ 여름에 무엇을 할 것인지 묻는 상황

15

▶ 241037-0140

다음을 듣고, 그림과 일치하는 것을 고르시오.

①   ②   ③   ④

16

▶ 241037-0141

대화를 듣고, 여자아이가 구입하려는 것과 가격이 바르게 짝지어진 것을 고르시오.

구입하려는 것	가격
① 목도리	− 13달러
② 신발	− 13달러
③ 목도리	− 30달러
④ 신발	− 30달러

17

▶ 241037-0142

대화를 듣고, 여자아이가 잃어버린 물건을 고르시오.

①   ②

③   ④

18

▶ 241037-0143

대화를 듣고, 이어질 응답으로 알맞은 것을 고르시오.

① Is this yours?
② What a nice seat!
③ Yes, I like your chair.
④ Of course. Go ahead.

19

▶ 241037-0144

대화를 듣고, 이어질 응답으로 알맞은 것을 고르시오.

① I like the dollhouse.
② I took many pictures.
③ I will buy cute shoes.
④ I really don't like traveling.

20

▶ 241037-0145

대화를 듣고, 이어질 응답으로 알맞지 <u>않은</u> 것을 고르시오.

① No. It's Jinho's.
② Sure. It's yours.
③ Oh, yes. It's mine.
④ No. It's Sujin's brush.

| 정답과 해설 36쪽 |

● MP3 파일을 잘 듣고, 물음에 답하세요.

01
▶ 241037-0146

대화를 듣고, 남자아이가 삼촌을 찾는 목적을 고르시오.

① 전화를 빌리려고
② 컴퓨터를 빌리려고
③ 삼촌과 상담하려고
④ 주방을 청소하려고
⑤ 팬케이크 만드는 법을 물어보려고

02
▶ 241037-0147

대화를 듣고, 여자아이가 내일 할 일을 고르시오.

① 책 읽기
② 축구하기
③ 공원 가기
④ 연 날리기
⑤ 자전거 타기

03
▶ 241037-0148

대화를 듣고, 여자아이가 좋아하는 계절과 그 이유가
바르게 짝지어진 것을 고르시오.

계절	이유
① 여름	– 바다에서 수영할 수 있어서
② 여름	– 덥고 화창한 날씨를 좋아해서
③ 여름	– 시원한 음료수를 마실 수 있어서
④ 겨울	– 추운 날씨를 좋아해서
⑤ 겨울	– 눈사람을 만들 수 있어서

04
▶ 241037-0149

다음을 듣고, 대화가 자연스럽지 않은 것을 고르시오.

①   ②   ③   ④   ⑤

05
▶ 241037-0150

대화를 듣고, 여자아이가 찾는 장소의 위치를 고르시오.

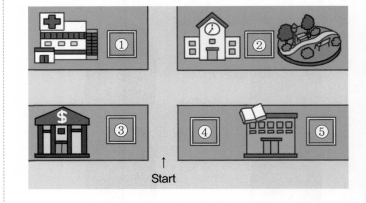

● MP3 파일을 잘 듣고, 다음 빈칸을 채워 보세요. 빈칸을 채운 뒤, 한 번 더 문제를 풀어 보세요.

01

다음을 듣고, 그림의 상황에 가장 알맞은 것을 고르시오.

①   ②   ③   ④

① G: What are you going to do this _____?

   B: I usually go to the _____.

② G: What do you do on Sundays?

   B: I play soccer on _____.

③ G: Let's go to the park this weekend.

   B: Sorry, but I go to my cooking club.

④ G: What do you do on Saturdays?

   B: I go to the farm on Saturdays.

02

대화를 듣고, 허락을 요청할 때 나누는 대화로 알맞은 것을 고르시오.

①   ②   ③   ④

① B: I can't _____ well.

   G: Cheer up. You can do it.

② B: May I go to the _____?

   G: Yes, you may. Go ahead.

③ B: My sister is sick. She's in the _____.

   G: Oh, that's too bad.

④ B: I won the soccer game. I scored two goals.

   G: Congratulations! You did really well.

03

대화를 듣고, 두 사람은 어떤 관계인지 고르시오.

① 환자 – 의사
② 학생 – 선생님
③ 관광객 – 안내원
④ 손님 – 가게 점원

G: Excuse me. _____ much are these boots?

M: They're twenty dollars. What size do you _____?

G: I want large ones. Can I try them on?

M: _____. Go ahead.

04

대화를 듣고, 남자아이가 여름 방학에 할 일을 고르시오.

① 캠핑하기
② 축구하기
③ 별에 대해 배우기
④ 낚시하는 방법 배우기

G: What will you do this _____, Junho?

B: I will attend a _____ camp.

G: Really? Me, too. What will you do there?

B: I'll _____ about stars.

G: Let's watch 3D movies about space, too. It will be fun.

JUMP UP

05

다음을 듣고, 알맞은 응답을 고르시오.

①   ②   ③   ④

W: _____ are you from, Tom?

B: _____

① B: I'm from the U.K.

② B: I live in that _____.

③ B: I go to the _____ _____.

④ B: I'll go shopping with my mom.

06

다음을 듣고, 남자아이가 할 말로 알맞은 것을 고르시오.

①   ②   ③   ④

① B: May I take a _____?

② B: May I fly a _____?

③ B: May I take your _____?

④ B: May I use your phone?

07

대화를 듣고, 무엇에 관해 이야기하는지 고르시오.

① 물건 사기
② 방학 계획
③ 장래 희망
④ 좋아하는 과목

B: Linh, what do you _____ to be?

G: I want to be a _____.

B: Who is your _____ writer?

G: Agatha Christie. I want to write interesting stories like her.

B: That's great.

08

대화를 듣고, 남자아이가 주말에 기분이 좋았던 이유를 고르시오.

① 음식 축제에 가서
② 현장 학습을 가서
③ 요리를 배우러 가서
④ 소풍을 가서 맛있는 음식을 먹어서

G: Minho, how was your weekend?

B: It was really great. I visited my _____ in Daegu.

G: Did you go to the _____ festival there?

B: No, I went on a picnic and ate _____ food with my family.

09

다음을 듣고, 이어질 응답으로 가장 알맞은 것을 고르시오.

① It's too late. Hurry up.
② We closed the window.
③ I go to the store at 10 o'clock.
④ We close at 6:00 in the evening.

10

다음을 듣고, 여자가 할 말로 알맞은 것을 고르시오.

① ② ③ ④

11

대화를 듣고, 두 아이가 만나기로 한 시각을 고르시오.

① 오후 2시
② 오후 4시
③ 오후 6시
④ 오후 8시

12

대화를 듣고, 대화의 내용과 일치하는 것을 고르시오.

① 남자아이는 체육을 좋아한다.
② 남자아이는 음악을 듣고 있다.
③ 남자아이는 가끔 그림을 그린다.
④ 여자아이가 가장 좋아하는 과목은 체육이다.

B: What time do you close on _____?
W: _____

'주문하시겠어요?'라는 표현은 May I take your order? 외에 Are you ready to order?나 Would you like to order?도 쓸 수 있어요.

① W: Can you tell me how to _____?
② W: May I _____ _____ _____?
③ W: Would you pass me the _____?
④ W: May I take your order?

B: Jisu, how about playing badminton together after _____?
G: Sounds good. What _____ shall we meet?
B: Let's meet at the park at 4:00 p.m.
G: Sorry, but I have a piano lesson then. How about 6:00 p.m.?
B: Okay. _____ you then.

G: Jiho, what are you doing here?
B: I'm drawing a picture. I _____ pictures here every day.
G: Do you like _____ class?
B: Yes. My favorite _____ is art. How about you?
G: I like P.E.

Listen & Speak Up 6

13

대화를 듣고, 여자아이의 방으로 알맞은 것을 고르시오.

① 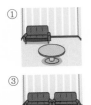 ②

③ 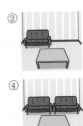 ④

G: Welcome to my _____. This is my room.

B: Wow. There is a round _____ in the room.

G: Yes, come and sit. There are two sofas, too.

B: What a nice _____! I like your room.

G: Thank you.

14

대화를 듣고, 어떤 상황에서 이루어지는 대화인지 고르시오.

① 자전거 여행에 대해 배우는 상황
② 수영하는 법에 대해 배우는 상황
③ 여름에 했던 일에 대해 묻는 상황
④ 여름 방학에 무엇을 할 것인지 묻는 상황

B: Kate, what will you do this summer?

G: I will take a _____ tour with my _____. How about you?

B: I will go to Busan and swim at the _____.

G: Sounds good. Have a great time.

B: You, too.

15

다음을 듣고, 그림과 일치하는 것을 고르시오.

①   ②   ③   ④

① M: The boy is growing _____.
② M: The boy is washing the _____.
③ M: The boy is feeding the _____.
④ M: The boy is taking a robot class.

영어로 부탁할 때 please를 붙이지 않으면 명령처럼 들릴 수 있어요. 안 해 주려고 하다가도 해 주는 상황을 만드는 please는 magic word(마법의 단어)랍니다.

16

대화를 듣고, 여자아이가 구입하려는 것과 가격이 바르게 짝지어진 것을 고르시오.

구입하려는 것		가격
① 목도리	–	13달러
② 신발	–	13달러
③ 목도리	–	30달러
④ 신발	–	30달러

M: May I help you?

G: Yes, please. I want to buy something for my _____.

M: What about a _____? It's thirty dollars.

G: It's too _____. How much is this pink one?

M: It's thirteen dollars.

G: Okay. I'll take it.

17

대화를 듣고, 여자아이가 잃어버린 물건을 고르
시오.

① 　②

③ 　④

G: I'm looking for my _____. Can you help me?

B: Sure. What does it look like?

G: It is _____ and has a big star.

B: Does it have a yellow ribbon?

G: No, it doesn't. It has two pockets.

B: There is something on the _____. Let's go and check.

18

대화를 듣고, 이어질 응답으로 알맞은 것을 고르
시오.

① Is this yours?
② What a nice seat!
③ Yes, I like your chair.
④ Of course. Go ahead.

W: Everyone, please be quiet in the _____.

B: Ms. Brown, may I take pictures?

W: No, you may not. _____. Just enjoy the pictures with your eyes.

B: Okay. May I _____ here?

W: _____

19

대화를 듣고, 이어질 응답으로 알맞은 것을 고르
시오.

① I like the dollhouse.
② I took many pictures.
③ I will buy cute shoes.
④ I really don't like traveling.

W: Welcome back to _____, Brian.

B: Good _____, Ms. Kelly.

W: How was your _____? Was it good?

B: Yeah. I traveled to Egypt with my family.

W: What did you do there?

B: _____

20

대화를 듣고, 이어질 응답으로 알맞지 <u>않은</u> 것을
고르시오.

① No. It's Jinho's.
② Sure. It's yours.
③ Oh, yes. It's mine.
④ No. It's Sujin's brush.

B: Look at the _____. There is something on it.

G: Really? Oh. It's a button.

B: A button? No, it's a _____. Look.

G: Whose brush it that? Is it _____?

B: _____

● MP3 파일을 잘 듣고, 다음 빈칸을 채워 대화를 완성해 보세요.

"A에는 B의 대답에 어울리는 질문이, B에는 A의 질문에 어울리는 대답이 들어갈 거예요. A와 B가 어떠한 대화를 나누게 될까요?"

01 A <u>May I go to the restroom?</u> <u>제가 화장실에 가도 될까요?</u>

  B Yes, you may. Go ahead. 네, 돼요. 그렇게 하세요.

02 A How much are these boots? 이 부츠는 얼마인가요?

  B _____ _____

03 A _____ _____

  B I will attend a space camp. 나는 우주 캠프에 참석할 거야.

04 A Where are you from? 너는 어디서 왔니?

  B _____ _____

05 A _____ _____

  B It was really great. 정말 좋았어.

"한 번에 문장을 다 쓰긴 어려워요. 여러 번 들으면서 메모하며 천천히 적어도 좋아요. 문장이 완성되면, 우리말 뜻도 적어 보세요!"

06 What __do you do on Sundays_____ ?

　　 __너는 일요일마다 무엇을 하니?_____

07 What _____ ?

　　 _____

08 Let's _____ .

　　 _____

09 I _____ .

　　 _____

10 I _____ .

　　 _____

SPEAK UP

● **주어진 우리말 의미에 맞게 영어로 말해 보세요.**

> STEP1 우리말을 읽고, 앞에서 학습한 내용을 이용하여 영어로 말해 봐요. 말한 뒤에는 네모 박스에 체크해요.
>
> STEP2 주어진 어휘 또는 표현들을 이용하여 문장을 완성해요.

01 너는 일요일마다 무엇을 하니? (Sundays)

STEP1 ☐

STEP2 _____

02 나는 경찰관이 되고 싶어. (police officer)

STEP1 ☐

STEP2 _____

03 나는 대개 공원에 가. (usually)

STEP1 ☐

STEP2 _____

04 이번 주말에 공원에 가자. (park)

STEP1 ☐

STEP2 _____

05 너는 이번 주말에 무엇을 할 거니? (weekend)

STEP1 ☐

STEP2 _____

06 이 선글라스는 얼마인가요? (sunglasses)

STEP1 ☐

STEP2 _____

07 제가 화장실에 가도 될까요? (restroom)

STEP1 ☐

STEP2 _____

Listen & Speak Up 7

WARM UP

새로운 어휘들을 미리 공부해 볼까요?

| 정답과 해설 38쪽 |

A MP3 파일을 잘 듣고, 알맞은 번호 옆에 어휘의 철자와 뜻을 쓰세요.
뒷장으로 넘어가기 전, 한 번 더 들어 보고 싶은 경우에는 네모 박스에 체크하세요.

01 ☐ **backpack**　　　배낭

02 ☐

03 ☐

04 ☐

05 ☐

06 ☐

07 ☐

08 ☐

09 ☐

10 ☐

B 주어진 우리말 의미에 맞도록 빈칸을 채우세요.
위에서 학습한 어휘들을 이용해 보세요.

01 나의 배낭　　　　　　　　　my _____

02 검은색 안경　　　　　　　　black _____

03 나의 이모　　　　　　　　　my _____

04 국수를 먹다　　　　　　　　eat _____s

05 너무 늦게 일어나다　　　　　_____ _____ too late

06 나는 내 물병을 찾을 수 없어.　I can't find my _____.

07 저것은 누구의 물병이니?　　_____ bottle is that?

08 내가 가장 좋아하는 과목은 사회야.　My favorite _____ is social studies.

09 너는 어제 무엇을 했니?　　　What did you do _____?

10 내 것은 다른 색깔이야.　　　Mine is a _____ color.

● MP3 파일을 잘 듣고, 물음에 답하세요.

01
241037-0151

다음을 듣고, 그림의 상황에 가장 알맞은 것을 고르시오.

①   ②   ③   ④

02
241037-0152

대화를 듣고, 위로할 때 나누는 대화로 알맞은 것을 고르시오.

①   ②   ③   ④

03
241037-0153

대화를 듣고, 두 사람은 누구에 관해 이야기하는지 고르시오.

① 엄마   ② 이모   ③ 삼촌   ④ 사촌

04
241037-0154

대화를 듣고, 남자아이가 먹을 음식을 고르시오.

①    ②

③    ④

05
241037-0155

다음을 듣고, 알맞은 응답을 고르시오.

①   ②   ③   ④

06

▶ 241037-0156

대화를 듣고, 여자아이가 할 일로 알맞은 것을 고르시오.

① 음식 만들기
② 음식 재활용하기
③ 음식을 주문하기
④ 친구에게 선물하기

07

▶ 241037-0157

대화를 듣고, 무엇에 관해 이야기하는지 고르시오.

① 학교 수업
② 잃어버린 책
③ 좋아하는 과목
④ 좋아하는 색깔

08

▶ 241037-0158

대화를 듣고, 두 사람이 할 일을 고르시오.

① 딸기 씻기
② 카드 만들기
③ 딸기 사러 가기
④ 아빠를 만나러 가기

09

▶ 241037-0159

다음을 듣고, 이어질 응답으로 가장 알맞은 것을 고르시오.

①   ②   ③   ④

10

▶ 241037-0160

대화를 듣고, 남자아이가 찾는 장소의 위치를 고르시오.

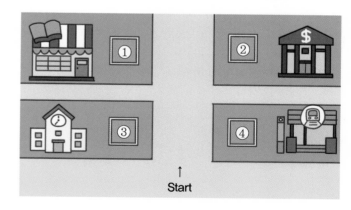

11
▶ 241037-0161

대화를 듣고, 남자아이가 축구하러 가지 않은 이유를 고르시오.

① 늦게 일어나서
② 다리를 다쳐서
③ 매우 피곤해서
④ 축구를 싫어해서

14
▶ 241037-0164

대화를 듣고, 어떤 상황에서 이루어지는 대화인지 고르시오.

① 요리법을 배우는 상황
② 선물을 포장하는 상황
③ 손님을 응대하는 상황
④ 주문할 음식을 선택하는 상황

12
▶ 241037-0162

대화를 듣고, 대화의 내용과 일치하는 것을 고르시오.

① 여자아이는 미국에서 왔다.
② 여자아이는 주황색을 좋아한다.
③ 여자아이가 좋아하는 과일은 오렌지다.
④ 여자아이가 가장 좋아하는 과목은 과학이다.

15
▶ 241037-0165

다음을 듣고, 그림과 일치하는 것을 고르시오.

①   ②   ③   ④

13
▶ 241037-0163

대화를 듣고, 두 사람이 무엇에 관해 이야기하는지 고르시오.

① 반려동물
② 엄마의 쇼핑
③ 잃어버린 아이
④ 사고 싶은 인형

16

241037-0166

대화를 듣고, 여자아이가 산 것과 가격이 바르게 짝지어진 것을 고르시오.

산 것		가격
① 머리핀	–	6달러
② 머리띠	–	7달러
③ 머리핀	–	14달러
④ 머리띠	–	15달러

17

241037-0167

대화를 듣고, 남자아이의 우산을 고르시오.

18

241037-0168

대화를 듣고, 이어질 응답으로 알맞은 것을 고르시오.

① I will ski.
② I will take it.
③ It's my pleasure.
④ Good luck to you!

19

241037-0169

대화를 듣고, 이어질 응답으로 알맞은 것을 고르시오.

① You're welcome.
② It's very delicious.
③ I'd like a sandwich.
④ I want to be a cook.

20

241037-0170

대화를 듣고, 이어질 응답으로 알맞지 <u>않은</u> 것을 고르시오.

① Yes, you can.
② Sorry. I can't.
③ Of course. You can.
④ Sure, you can borrow them.

LISTEN UP 실력 높여 보기

| 정답과 해설 42쪽 |

● MP3 파일을 잘 듣고, 물음에 답하세요.

01
▶ 241037-0171

대화를 듣고, 남자아이가 이모를 찾는 목적을 고르시오.

① 상담을 하려고
② 수학을 배우려고
③ 집에 같이 가려고
④ 청소를 도와주려고
⑤ 수업을 도와주려고

02
▶ 241037-0172

대화를 듣고, 남자아이가 내일 할 일을 고르시오.

① 책 읽기
② 숙제하기
③ 요리하기
④ 청소하기
⑤ 축구 연습하기

03
▶ 241037-0173

대화를 듣고, 남자아이가 자전거를 타고 가지 못하는 이유를 고르시오.

① 너무 늦어서
② 다리가 아파서
③ 자전거가 고장 나서
④ 자전거가 지금 없어서
⑤ 엄마가 차로 데려다준다고 해서

04
▶ 241037-0174

다음을 듣고, 대화가 자연스럽지 않은 것을 고르시오.

①   ②   ③   ④   ⑤

05
▶ 241037-0175

대화를 듣고, 그림의 상황에 가장 적절한 것을 고르시오.

①   ②   ③   ④   ⑤

● MP3 파일을 잘 듣고, 다음 빈칸을 채워 보세요. 빈칸을 채운 뒤, 한 번 더 문제를 풀어 보세요.

01

다음을 듣고, 그림의 상황에 가장 알맞은 것을 고르시오.

①   ②   ③   ④

02

대화를 듣고, 위로할 때 나누는 대화로 알맞은 것을 고르시오.

①   ②   ③   ④

03

대화를 듣고, 두 사람은 누구에 관해 이야기하는지 고르시오.

① 엄마   ② 이모   ③ 삼촌   ④ 사촌

04

대화를 듣고, 남자아이가 먹을 음식을 고르시오.

---

① G: Where is my _____?

   B: I don't know.

② G: Let's go _____ together.

   B: Sorry, I can't.

③ G: What do you want to do?

   B: I want to go hiking.

④ G: What did you do _____?

   B: I bought a cap.

① B: Let's play _____ tomorrow.

   G: Sorry, I can't. I have to do my homework.

② B: Where is the _____?

   G: Go straight and then turn left.

③ B: My _____ is sick.

   G: I'm sorry to hear that. Cheer up.

④ B: Happy birthday. This is for you.

   G: Thank you for coming.

G: Look at this _____. This is my family.

B: Is this your mom?

G: No, she's my _____.

B: She's very tall. What does she do?

G: She's a _____. She works at a hospital.

B: Mom, what are you doing?

W: I'm making a pizza.

B: I'm very _____. Can I try it?

W Sure. This is a _____ pizza.

B: Oh, no. I don't like vegetables. I will just eat _____.

영어에서 Thank you.에 대한 응답으로 꼭 짝꿍처럼 You're welcome.(천만에요.)을 씁니다. 그 외에 My pleasure.나 No problem. 등을 사용한답니다.

Listen & Speak Up 7

05

다음을 듣고, 알맞은 응답을 고르시오.

①   ②   ③   ④

W: Ryan, how do you spell your _____?

B: _____

① B: R-Y-A-N.

② B: I didn't _____ that.

③ B: I'm _____ years old.

④ B: I don't have a nickname.

06

대화를 듣고, 여자아이가 할 일로 알맞은 것을 고르시오.

① 음식 만들기
② 음식 재활용하기
③ 음식을 주문하기
④ 친구에게 선물하기

B: Judy, _____ are you doing?

G: I'm looking at a delivery app.

B: Are you going to do some grocery _____?

G: No, I'm not.

B: Then what are you going to do?

G: I will order some _____.

07

대화를 듣고, 무엇에 관해 이야기하는지 고르시오.

① 학교 수업
② 잃어버린 책
③ 좋아하는 과목
④ 좋아하는 색깔

B: You look _____. What's wrong?

G: I lost my _____.

B: Oh, what's the title of the book?

G: It's *Snow White*. It's my _____ book.

B: Don't worry. Let's look for it together.

G: Thank you.

08

대화를 듣고, 두 사람이 할 일을 고르시오.

① 딸기 씻기
② 카드 만들기
③ 딸기 사러 가기
④ 아빠를 만나러 가기

G: Tomorrow is Dad's _____.

B: Oh, right! I want to make a _____ for him.

G: Let's make one together.

B: That's a great idea. What _____ does he like?

G: He likes strawberries. So let's make a strawberry cake.

B: Okay! But we don't have strawberries. Let's go and buy some.

09

다음을 듣고, 이어질 응답으로 가장 알맞은 것을 고르시오.

①   ②   ③   ④

10

대화를 듣고, 남자아이가 찾는 장소의 위치를 고르시오.

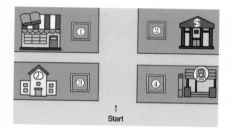

11

대화를 듣고, 남자아이가 축구하러 가지 않은 이유를 고르시오.

① 늦게 일어나서
② 다리를 다쳐서
③ 매우 피곤해서
④ 축구를 싫어해서

12

대화를 듣고, 대화의 내용과 일치하는 것을 고르시오.

① 여자아이는 미국에서 왔다.
② 여자아이는 주황색을 좋아한다.
③ 여자아이가 좋아하는 과일은 오렌지다.
④ 여자아이가 가장 좋아하는 과목은 과학이다.

B: Look. _____ bottle is that?

G: _____

① G: Here it is.

② G: I'm _____.

③ G: It's Brian's.

④ G: I can't find my _____.

G: Let's meet at Green Park, Mike.

B: _____ is Green Park?

G: Oh, you don't know? _____ straight and then turn right.

B: Is it next to the subway station?

G: No. It's next to the _____.

G: Jiho, did you play soccer this morning?

B: No, I didn't.

G: Did you _____ _____ too late?

B: No, I got up early.

G: Then why didn't you play _____?

B: I was very _____. I just wanted to stay home.

B: Hi. I'm Minho. Nice to meet you. Where are you from?

G: I'm from the U.K.

B: What's your favorite _____?

G: I like _____.

B: Me, too. What's your favorite _____?

G: My favorite subject is social studies.

13

대화를 듣고, 두 사람이 무엇에 관해 이야기하는지 고르시오.

① 반려동물
② 엄마의 쇼핑
③ 잃어버린 아이
④ 사고 싶은 인형

W: Can you help me? I can't find my daughter.

M: Okay. How _____ is she?

W: She is five years old.

M: What does she look like?

W: She has long, curly _____. She has big blue eyes.

M: What is she wearing?

W: She's wearing a yellow T-shirt and black _____.

14

대화를 듣고, 어떤 상황에서 이루어지는 대화인지 고르시오.

① 요리법을 배우는 상황
② 선물을 포장하는 상황
③ 손님을 응대하는 상황
④ 주문할 음식을 선택하는 상황

B: What do you _____ to order?

G: I will have _____. What about you?

B: I want to have some food.

G: Do you want to _____ a hamburger?

B: Yes. And some French fries, too.

G: Alright.

15

다음을 듣고, 그림과 일치하는 것을 고르시오.

① ② ③ ④

① M: It's _____ outside. The boy is flying a drone.

② M: It's cloudy outside. The boy is making a robot.

③ M: It's sunny outside. The boy is flying a _____.

④ M: It's _____ outside. The boy is taking an art class.

16

대화를 듣고, 여자아이가 산 것과 가격이 바르게 짝지어진 것을 고르시오.

산 것	가격
① 머리핀	6달러
② 머리띠	7달러
③ 머리핀	14달러
④ 머리띠	15달러

G: Hello. I'm looking for a hairpin.

M: How about this one?

G: Oh, it's _____. How much is it?

M: It's seven dollars.

G: I want two, please. How _____ are they?

M: They are _____ dollars in total.

G: Okay. I'll take them.

17

대화를 듣고, 남자아이의 우산을 고르시오.

① ② ③ ④

B: It's raining. Where is my _____?

G: There is a green umbrella over there. Is it yours?

B: No, it's not mine. Mine is a _____ color.

G: What color is your umbrella?

B: Mine is blue. It has a small heart, too.

G: Is it a small _____ heart?

B: No, it's not. Mine has a white heart.

18

대화를 듣고, 이어질 응답으로 알맞은 것을 고르시오.

① I will ski.
② I will take it.
③ It's my pleasure.
④ Good luck to you!

G: _____ vacation is coming.

B: Yeah. I like winter. _____ about you?

G: My favorite _____ is winter, too.

B: Really? What will you do in winter?

G: _____

19

대화를 듣고, 이어질 응답으로 알맞은 것을 고르시오.

① You're welcome.
② It's very delicious.
③ I'd like a sandwich.
④ I want to be a cook.

W: Good _____. Welcome to our restaurant.

B: Good evening. Can I _____ the menu?

W: Sure. Here it is.

B: Thank you.

W: May I take your _____?

B: _____

20

대화를 듣고, 이어질 응답으로 알맞지 <u>않은</u> 것을 고르시오.

① Yes, you can.
② Sorry. I can't.
③ Of course. You can.
④ Sure, you can borrow them.

B: Jisu, what are you making?

G: I'm making a _____ fish with paper. Look!

B: Wow. It's so _____. Can you teach me?

G: Cut this paper and color it.

B: Okay. Can I use your _____?

G: _____

● MP3 파일을 잘 듣고, 다음 빈칸을 채워 대화를 완성해 보세요.

"A에는 B의 대답에 어울리는 질문이, B에는 A의 질문에 어울리는 대답이 들어갈 거예요. A와 B가 어떠한 대화를 나누게 될까요?"

01 A Where is my backpack?   내 배낭이 어디에 있지?

B I don't know.   난 몰라.

02 A _____   _____

B It's Brian's.   그것은 Brian의 것이야.

03 A _____   _____

B My favorite subject is social studies.   내가 가장 좋아하는 과목은 사회야.

04 A What does she do?   그녀의 직업은 무엇이니?

B _____   _____

05 A Is it yours?   그것은 네 것이니?

B _____   _____

"한 번에 문장을 다 쓰긴 어려워요. 여러 번 들으면서 메모하며 천천히 적어도 좋아요. 문장이 완성되면, 우리말 뜻도 적어 보세요!"

06 Go _straight and then turn left_ .

곧장 가다가 왼쪽으로 도세요.

07 Let's _____ .

_____

08 My _____ .

_____

09 Can _____ ?

_____

10 It's _____ .

_____

SPEAK UP

● **주어진 우리말 의미에 맞게 영어로 말해 보세요.**

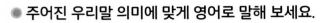

> **STEP1** 우리말을 읽고, 앞에서 학습한 내용을 이용하여 영어로 말해 봐요. 말한 뒤에는 네모 박스에 체크해요.
>
> **STEP2** 주어진 어휘 또는 표현들을 이용하여 문장을 완성해요.

01 그것은 도서관 옆에 있어. (library)

STEP1 ☐

STEP2 _____

02 저것은 누구의 물병이니? (bottle)

STEP1 ☐

STEP2 _____

03 내일 축구하자. (soccer)

STEP1 ☐

STEP2 _____

04 내가 가장 좋아하는 계절은 겨울이야. (favorite)

STEP1 ☐

STEP2 _____

05 네가 가장 좋아하는 색깔은 무엇이니? (color)

STEP1 ☐

STEP2 _____

06 저를 도와주실 수 있나요? (can, help)

STEP1 ☐

STEP2 _____

07 내 배낭이 어디에 있지? (backpack)

STEP1 ☐

STEP2 _____

Listen & Speak Up 8

WARM UP

새로운 어휘들을 미리 공부해 볼까요?

| 정답과 해설 45쪽 |

A MP3 파일을 잘 듣고, 알맞은 번호 옆에 어휘의 철자와 뜻을 쓰세요.
뒷장으로 넘어가기 전, 한 번 더 들어 보고 싶은 경우에는 네모 박스에 체크하세요.

01 ☐ **cool**   멋진, 시원한   06 ☐

02 ☐   07 ☐

03 ☐   08 ☐

04 ☐   09 ☐

05 ☐   10 ☐

B 주어진 우리말 의미에 맞도록 빈칸을 채우세요.
위에서 학습한 어휘들을 이용해 보세요.

01 식료품 장보기   _____ shopping

02 스포츠 캠프에 참석하다   _____ a sports camp

03 기름진 음식   _____ food

04 멋져 보이다   look _____

05 너의 체육 교과서를 빌리다   _____ your P.E. textbook

06 그것은 내 것이 아니야.   It's not _____.

07 나는 대개 공원에 가.   I _____ go to the park.

08 나는 무서워.   I'm _____.

09 네 이름의 철자를 어떻게 쓰니?   How do you _____ your name?

10 나는 내일 소풍을 갈 것이다.   I'll _____ _____ a picnic tomorrow.

● MP3 파일을 잘 듣고, 물음에 답하세요.

01
▶ 241037-0176

다음을 듣고, 그림의 상황에 가장 알맞은 것을 고르시오.

①   ②   ③   ④

02
▶ 241037-0177

대화를 듣고, 언제 나누는 대화인지 고르시오.

① 축하할 때
② 사과할 때
③ 위치를 물을 때
④ 처음 만났을 때

03
▶ 241037-0178

대화를 듣고, 두 사람은 누구에 관해 이야기하는지 고르시오.

① 의사
② 경찰
③ 선생님
④ 소방관

04
▶ 241037-0179

대화를 듣고, 여자아이가 살 필통을 고르시오.

①    ②

③    ④

05
▶ 241037-0180

다음을 듣고, 자연스러운 대화를 고르시오.

①   ②   ③   ④

06

241037-0181

다음을 듣고, 여자아이가 할 말로 알맞은 것을 고르시오.

①   ②   ③   ④

07

241037-0182

다음을 듣고, 무엇에 관해 이야기하는지 고르시오.

① 침실   ② 주방   ③ 거실   ④ 욕실

08

241037-0183

대화를 듣고, 여자아이가 빨간색을 좋아하는 이유를 고르시오.

① 사과를 좋아해서

② 빨간색 물감이 많아서

③ 따뜻한 느낌이 들어서

④ 다른 색과 잘 어울려서

09

241037-0184

다음을 듣고, 이어질 응답으로 가장 알맞은 것을 고르시오.

①   ②   ③   ④

10

241037-0185

대화를 듣고, 남자아이가 찾고 있는 물건이 어디에 있는지 고르시오.

11

241037-0186

대화를 듣고, 남자아이가 빌리려는 물건을 고르시오.

① 축구공
② 체육복
③ 줄넘기 줄
④ 체육 교과서

12

241037-0187

대화를 듣고, 대화의 내용과 일치하지 않는 것을 고르시오.

① 남자아이의 사촌 집은 부산에 있다.
② 남자아이는 올해 여름에 사촌 집을 방문했다.
③ 남자아이는 내년 여름에도 사촌 집에 갈 것이다.
④ 남자아이는 내년 여름에 봉사 활동을 할 것이다.

13

241037-0188

다음을 듣고, 무엇에 대한 설명인지 고르시오.

①  ②

③  ④

14

241037-0189

대화를 듣고, 어떤 상황에서 이루어지는 대화인지 고르시오.

① 친구를 초대하는 상황
② 친구에게 사과하는 상황
③ 친구의 안부를 묻는 상황
④ 친구에게 도움을 요청하는 상황

15

241037-0190

다음을 듣고, 그림과 일치하는 것을 고르시오.

① ② ③ ④

16

241037-0191

대화를 듣고, 남자아이가 찾는 것과 색깔이 바르게 짝지어진 것을 고르시오.

찾는 것	색깔
① 재킷	– 녹색
② 재킷	– 파란색
③ 줄넘기 줄	– 녹색
④ 줄넘기 줄	– 파란색

17

241037-0192

대화를 듣고, 현재 날씨를 고르시오.

①

②

③

④

18

241037-0193

대화를 듣고, 이어질 응답으로 알맞은 것을 고르시오.

① You, too.
② Watch out!
③ Sorry. I can't.
④ I don't think so.

19

241037-0194

대화를 듣고, 이어질 응답으로 알맞은 것을 고르시오.

① Cheer up!
② I'm very hungry.
③ What a nice kitchen!
④ May I drink some juice?

20

241037-0195

대화를 듣고, 이어질 응답으로 알맞지 <u>않은</u> 것을 고르시오.

① Sounds great.
② We have to wait.
③ Sorry, but I'm busy then.
④ Okay. Let's meet at the baseball park.

● MP3 파일을 잘 듣고, 물음에 답하세요.

01
▶ 241037-0196

대화를 듣고, 여자아이가 삼촌을 찾는 목적을 고르시오.

① 삼촌 차를 고치려고
② 주차장을 청소하려고
③ 삼촌 차를 세차하려고
④ 장난감 차를 빌리려고
⑤ 장난감 차를 고쳐 달라고

02
▶ 241037-0197

대화를 듣고, 남자아이가 할 일을 고르시오.

① 숙제하기
② 요리하기
③ 청소하기
④ 짐 들어 주기
⑤ 여동생 돌보기

03
▶ 241037-0198

대화를 듣고, 남자아이가 좋아하는 음식과 그 이유가
바르게 짝지어진 것을 고르시오.

좋아하는 음식	이유
① 치즈 피자	– 매운 맛을 좋아해서
② 치즈 피자	– 뜨거운 맛을 좋아해서
③ 치즈 피자	– 기름진 맛을 좋아해서
④ 매운 치킨 피자	– 매운 맛을 좋아해서
⑤ 매운 치킨 피자	– 기름진 맛을 좋아해서

04
▶ 241037-0199

다음을 듣고, 대화가 자연스럽지 <u>않은</u> 것을 고르시오.

①   ②   ③   ④   ⑤

05
▶ 241037-0200

대화를 듣고, 여자아이가 내야 할 금액을 고르시오.

① 10달러
② 12달러
③ 14달러
④ 18달러
⑤ 20달러

● MP3 파일을 잘 듣고, 다음 빈칸을 채워 보세요. 빈칸을 채운 뒤, 한 번 더 문제를 풀어 보세요.

01

다음을 듣고, 그림의 상황에 가장 알맞은 것을 고르시오.

① ② ③ ④

① G: Look. Don't eat here.

  B: Oh, I'm sorry.

② G: Let's buy some juice.

  B: That's a great _____.

③ G: What do you _____?

  B: I want some hamburgers.

④ G: What is your favorite _____?

  B: I like apple pie the best.

02

대화를 듣고, 언제 나누는 대화인지 고르시오.

① 축하할 때
② 사과할 때
③ 위치를 물을 때
④ 처음 만났을 때

B: Hi. _____ are you from?

G: I'm from Vietnam. How about you?

B: I'm from _____. Nice to meet you.

G: Nice to _____ you, too.

외국인 친구들을 만나서 인사할 때 '나는 한국에서 왔어.'라는 표현을 I'm from Korea.라고 하는데요. 좀 더 정확하게 말하고 싶으면 I'm from South Korea. 라고 말해 보세요.

03

대화를 듣고, 두 사람은 누구에 관해 이야기하는지 고르시오.

① 의사
② 경찰
③ 선생님
④ 소방관

G: Look at him, Kevin.

B: Over there? _____ is he?

G: He's Mr. Brown. He's our new math _____.

B: Oh, he's _____.

04

대화를 듣고, 여자아이가 살 필통을 고르시오.

①   ②

③   ④

M: May I _____ you?

G: Yes, please. I want to buy a new _____ case.

M: How about this one with a heart?

G: It looks _____. But I don't like pink.

B: We have it in purple, too.

G: Good. I'll take it.

Listen & Speak Up 8

05

다음을 듣고, 자연스러운 대화를 고르시오.

①   ②   ③   ④

① B: How's the _____ outside?

   G: I'm fine.

② B: What grade are you in?

   G: I'm eleven years old.

③ B: How do you _____ your name?

   G: I'm a student.

④ B: What do you do on Sundays?

   G: I _____ go to the park.

06

다음을 듣고, 여자아이가 할 말로 알맞은 것을 고르시오.

①   ②   ③   ④

① G: _____ I help you?

② G: What can I _____ for you?

③ G: How much are these _____?

④ G: How can I get to the shoe store?

07

다음을 듣고, 무엇에 관해 이야기하는지 고르시오.

① 침실   ② 주방   ③ 거실   ④ 욕실

W: This is a room in a _____. There is a _____. There is a toilet and a _____, too. You can take a bath here. What room is it?

08

대화를 듣고, 여자아이가 빨간색을 좋아하는 이유를 고르시오.

① 사과를 좋아해서
② 빨간색 물감이 많아서
③ 따뜻한 느낌이 들어서
④ 다른 색과 잘 어울려서

B: Is this your pencil case?

G: Yes, _____ do you ask?

B: Wow, you have a lot of red pens.

G: _____ is my favorite color. It feels _____.

B: Oh, I see.

09

다음을 듣고, 이어질 응답으로 가장 알맞은 것을 고르시오.

①   ②   ③   ④

B: Are you _____, Susie?

G: _____

① G: No, I'm not. I'm _____.

② G: Yes. I'm very sleepy.

③ G: No, I'm not. I'm hungry.

④ G: Yes. I'm _____.

10

대화를 듣고, 남자아이가 찾고 있는 물건이 어디에 있는지 고르시오.

W: It's too _____ outside. Take your gloves.

B: I can't find them. Where are they, Mom?

W: They're _____ the table.

B: No, they are not there.

W: Then look _____ the table.

B: Oh, I found them. Thank you.

11

대화를 듣고, 남자아이가 빌리려는 물건을 고르시오.

① 축구공
② 체육복
③ 줄넘기 줄
④ 체육 교과서

B: Do you use your _____ textbook today?

G: No, we play badminton in P.E. class today.

B: Really? Then can I _____ your P.E. textbook?

G: Sure. But please give it back by _____.

B: Okay. I will.

12

대화를 듣고, 대화의 내용과 일치하지 않는 것을 고르시오.

① 남자아이의 사촌 집은 부산에 있다.
② 남자아이는 올해 여름에 사촌 집을 방문했다.
③ 남자아이는 내년 여름에도 사촌 집에 갈 것이다.
④ 남자아이는 내년 여름에 봉사 활동을 할 것이다.

G: Jisu, did you enjoy your summer _____?

B: Yes, I did. I visited my _____ in Busan.

G: What did you do there?

B: I went to the beach and surfed.

G: Will you _____ your cousin next summer, too?

B: No, I will do volunteer work next summer.

13

다음을 듣고, 무엇에 대한 설명인지 고르시오.

①   ②

③   ④

M: I am an _____. I have four legs and a long _____. I have spots on my body. I'm very tall. I like to eat _____. Who am I?

14

대화를 듣고, 어떤 상황에서 이루어지는 대화인지 고르시오.

① 친구를 초대하는 상황
② 친구에게 사과하는 상황
③ 친구의 안부를 묻는 상황
④ 친구에게 도움을 요청하는 상황

B: You look _____. What's going on?

G: It's so hard to solve _____ problems.

B: Is that your school _____?

G: Yes. Can you help me?

B: Sure. Let's do it together.

15

다음을 듣고, 그림과 일치하는 것을 고르시오.

①　　　②　　　③　　　④

① B: My school field trip is on _____ 2nd.

② B: My school field trip is on _____.

③ B: My birthday is October 23rd.

④ B: My _____ is on Tuesday.

영어를 쓸 때, 대문자는 항상 문장의 처음에 올 때에만 쓰지만, October나 Wednesday처럼 월(月)이나 요일은 문장의 중간에 위치해도 대문자로 쓴다는 것을 잊지 마세요.

16

대화를 듣고, 남자아이가 찾는 것과 색깔이 바르게 짝지어진 것을 고르시오.

찾는 것	색깔
① 재킷	– 녹색
② 재킷	– 파란색
③ 줄넘기 줄	– 녹색
④ 줄넘기 줄	– 파란색

B: Mom, I'm late. Where is my jump rope?

W: It's under the sofa.

B: No. This one is _____. It's not mine.

W: Then what _____ is yours?

B: _____ is green.

17

대화를 듣고, 현재 날씨를 고르시오.

①   ②

③   ④

18

대화를 듣고, 이어질 응답으로 알맞은 것을 고르시오.

① You, too.
② Watch out!
③ Sorry. I can't.
④ I don't think so.

19

대화를 듣고, 이어질 응답으로 알맞은 것을 고르시오.

① Cheer up!
② I'm very hungry.
③ What a nice kitchen!
④ May I drink some juice?

20

대화를 듣고, 이어질 응답으로 알맞지 <u>않은</u> 것을 고르시오.

① Sounds great.
② We have to wait.
③ Sorry, but I'm busy then.
④ Okay. Let's meet at the baseball park.

G: Woojin, let's go _____.
B: Why?
G: Let's make a _____ together.
B: Now? Look outside. It's _____ now.
G: Really? It was snowing before.
B: Yes, but the weather changed just now.

G: What will you do this _____?
B: I will _____ a sports camp. How about you?
G: I will go to Dokdo with my family.
B: _____ a great time.
G: _____

B: Look. This is my _____.
G: Wow. What is that?
B: It's a _____. You can cook here.
G: I see. What are those?
B: They're sinks. There are two sinks in the kitchen.
G: Is that a _____?
B: Yes. There are a table and four chairs, too.
G: _____

B: The _____ game is coming up.
G: When is the baseball game?
B: Next Tuesday.
G: Really? We have to _____ hard.
B: Right. Let's practice baseball this _____.
G: _____

FLY UP

● MP3 파일을 잘 듣고, 다음 빈칸을 채워 대화를 완성해 보세요.

> "A에는 B의 대답에 어울리는 질문이, B에는 A의 질문에 어울리는 대답이 들어갈 거예요. A와 B가 어떠한 대화를 나누게 될까요?"

01 A <u>What did you do last weekend?</u>   <u>너는 지난 주말에 무엇을 했니?</u>

　　　B I went on a picnic.   난 소풍을 갔어.

02 A Where is my jump rope?   내 줄넘기 줄이 어디에 있지?

　　　B _____   _____

03 A _____   _____

　　　B Yes, please. I'd like a beefsteak.   네, 부탁해요. 저는 소고기 스테이크를 주세요.

04 A There are a table and four chairs, too.   테이블과 의자 4개도 있어.

　　　B _____   _____

05 A _____   _____

　　　B Sure.   물론이지.

"한 번에 문장을 다 쓰긴 어려워요. 여러 번 들으면서 메모하며 천천히 적어도 좋아요. 문장이 완성되면, 우리말 뜻도 적어 보세요!"

06 My _birthday is October 23rd_____ .

  내 생일은 10월 23일이야. _____

07 How _____ ?

  _____

08 I _____ .

  _____

09 There _____ .

  _____

10 What _____ ?

  _____

Listen & Speak Up 8

● **주어진 우리말 의미에 맞게 영어로 말해 보세요.**

> **STEP1** 우리말을 읽고, 앞에서 학습한 내용을 이용하여 영어로 말해 봐요. 말한 뒤에는 네모 박스에 체크해요.
>
> **STEP2** 주어진 어휘 또는 표현들을 이용하여 문장을 완성해요.

01 너는 몇 학년이니? (grade)

STEP1 ☐

STEP2 _____

02 서점까지 어떻게 가나요? (can, get to, the bookstore)

STEP1 ☐

STEP2 _____

03 정말 멋진 주방이구나! (what, nice)

STEP1 ☐

STEP2 _____

04 내가 너의 체육 교과서를 빌려도 되니? (borrow)

STEP1 ☐

STEP2 _____

05 주문하시겠어요? (may, take, order)

STEP1 ☐

STEP2 _____

06 내 줄넘기 줄이 어디에 있지? (jump rope)

STEP1 ☐

STEP2 _____

07 너는 지난겨울에 무엇을 했니? (last winter)

STEP1 ☐

STEP2 _____

Listen & Speak Up 9

WARM UP

새로운 어휘들을 미리 공부해 볼까요?

| 정답과 해설 51쪽 |

A MP3 파일을 잘 듣고, 알맞은 번호 옆에 어휘의 철자와 뜻을 쓰세요.
뒷장으로 넘어가기 전, 한 번 더 들어 보고 싶은 경우에는 네모 박스에 체크하세요.

01 ☐ **fly a drone** 드론을 날리다 06 ☐ _____ _____

02 ☐ _____ _____ 07 ☐ _____ _____

03 ☐ _____ _____ 08 ☐ _____ _____

04 ☐ _____ _____ 09 ☐ _____ _____

05 ☐ _____ _____ 10 ☐ _____ _____

B 주어진 우리말 의미에 맞도록 빈칸을 채우세요.
위에서 학습한 어휘들을 이용해 보세요.

01 한국 전통 간식 a Korean _____ snack

02 공원의 건너편에 _____ _____ the park

03 거미줄을 치다 make a _____

04 물을 엎지르다 _____ water

05 3권까지 _____ _____ three books

06 그는 지금 차고에 있어. He is in the _____ now.

07 드론을 날리자. Let's _____ a drone.

08 내가 너무 부주의했어. I was too _____.

09 이 채널은 놀라워. This channel is _____.

10 지하철역이 어디인가요? Where is the _____ _____?

Listen & Speak Up 9

● MP3 파일을 잘 듣고, 물음에 답하세요.

01
▶ 241037-0201

다음을 듣고, 그림의 상황에 가장 알맞은 것을 고르시오.

①   ②   ③   ④

02
▶ 241037-0202

대화를 듣고, 언제 나누는 대화인지 고르시오.

① 격려할 때
② 사과할 때
③ 환영할 때
④ 길을 물을 때

03
▶ 241037-0203

대화를 듣고, 두 사람은 무엇에 관해 이야기하는지 고르시오.

① 베트남 음식
② 베트남 유적지
③ 베트남 전통 옷
④ 베트남 여행 계획

04
▶ 241037-0204

대화를 듣고, 두 사람이 토요일에 할 일을 고르시오.

① 연 날리기
② 드론 날리기
③ 로봇 만들기
④ 치즈케이크 만들기

05
▶ 241037-0205

다음을 듣고, 자연스러운 대화를 고르시오.

①   ②   ③   ④

06

241037-0206

다음을 듣고, 남자아이가 할 말로 알맞은 것을 고르시오.

①   ②   ③   ④

07

241037-0207

대화를 듣고, 무엇에 관해 이야기하는지 고르시오.

① 약과
② 피자
③ 샐러드
④ 팬케이크

08

241037-0208

대화를 듣고, 여자아이가 수요일을 좋아하는 이유를 고르시오.

① 목요일 전날이라서
② 미술 수업이 있어서
③ 집에 일찍 갈 수 있어서
④ 주말이 다가오고 있어서

09

241037-0209

다음을 듣고, 이어질 응답으로 가장 알맞은 것을 고르시오.

①   ②   ③   ④

10

241037-0210

대화를 듣고, 여자아이가 찾는 장소의 위치를 고르시오.

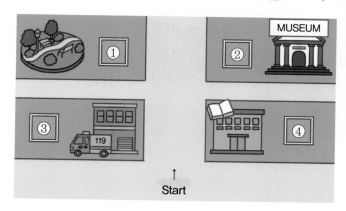

11

▶ 241037-0211

대화를 듣고, 야구공의 가격을 고르시오.

① 11달러
② 15달러
③ 18달러
④ 28달러

12

▶ 241037-0212

대화를 듣고, 남자아이에 대한 내용과 일치하지 <u>않는</u> 것을 고르시오.

① 남자아이는 목이 마르다.
② 남자아이는 우유를 마신다.
③ 남자아이는 초콜릿 쿠키를 먹는다.
④ 남자아이는 우유를 더 마시기를 원한다.

13

▶ 241037-0213

다음을 듣고, 무엇에 대한 설명인지 고르시오.

①   ②

③   ④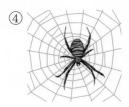

14

▶ 241037-0214

대화를 듣고, 어떤 상황에서 이루어지는 대화인지 고르시오.

① 사과하는 상황
② 축하하는 상황
③ 제안하는 상황
④ 부탁하는 상황

15

▶ 241037-0215

다음을 듣고, 그림과 일치하는 것을 고르시오.

①   ②   ③   ④

16

241037-0216

대화를 듣고, 여자아이가 빌린 책 종류와 권수가 바르게 짝지어진 것을 고르시오.

빌린 책	권수
① 과학책	2권
② 과학책	3권
③ 역사책	2권
④ 역사책	3권

17

241037-0217

대화를 듣고, 삼촌이 하고 있는 일을 고르시오.

① 세차하기
② 커피 마시기
③ 차 수리하기
④ 정원에 물 주기

18

241037-0218

대화를 듣고, 이어질 응답으로 알맞은 것을 고르시오.

① That's too bad.
② I have no idea.
③ Sure. Help yourself.
④ Please come and see.

19

241037-0219

대화를 듣고, 이어질 응답으로 알맞은 것을 고르시오.

① No, I don't enjoy it.
② Yes, I want to be a nurse.
③ Yes, I want to be a doctor.
④ No, I don't want to see a doctor.

20

241037-0220

대화를 듣고, 이어질 응답으로 알맞지 <u>않은</u> 것을 고르시오.

① I love it!
② It's amazing.
③ It's good to hear.
④ It's fresh and delicious.

● MP3 파일을 잘 듣고, 물음에 답하세요.

01
▶ 241037-0221

대화를 듣고, 남자아이가 이모를 찾아온 목적을 고르시오.

① 집에 같이 가려고
② 회사를 구경하려고
③ 저녁 약속이 있어서
④ 비서와 이야기하려고
⑤ 사무실 청소를 도우려고

02
▶ 241037-0222

대화를 듣고, 남자아이가 할 일을 고르시오.

① 생일 파티 계획하기
② 감사 포스터 만들기
③ 부모님께 편지 쓰기
④ 어머니의 날 홍보하기
⑤ 생일 파티 초대장 만들기

03
▶ 241037-0223

대화를 듣고, 남자아이가 음악 공연에 참가하지 <u>못하는</u> 이유를 고르시오.

① 감기에 걸려서
② 노래를 잘 몰라서
③ 다른 약속이 있어서
④ 음악을 좋아하지 않아서
⑤ 음악 공연 날짜를 몰라서

04
▶ 241037-0224

다음을 듣고, 대화가 자연스럽지 <u>않은</u> 것을 고르시오.

①　　　②　　　③　　　④　　　⑤

05
▶ 241037-0225

대화를 듣고, 여자아이가 친구와 만나기로 한 시간을 고르시오.

① 3시
② 3시 30분
③ 4시
④ 4시 30분
⑤ 5시

● MP3 파일을 잘 듣고, 다음 빈칸을 채워 보세요. 빈칸을 채운 뒤, 한 번 더 문제를 풀어 보세요.

01

다음을 듣고, 그림의 상황에 가장 알맞은 것을 고르시오.

①   ②   ③   ④

02

대화를 듣고, 언제 나누는 대화인지 고르시오.

① 격려할 때
② 사과할 때
③ 환영할 때
④ 길을 물을 때

03

대화를 듣고, 두 사람은 무엇에 관해 이야기하는지 고르시오.

① 베트남 음식
② 베트남 유적지
③ 베트남 전통 옷
④ 베트남 여행 계획

04

대화를 듣고, 두 사람이 토요일에 할 일을 고르시오.

① 연 날리기
② 드론 날리기
③ 로봇 만들기
④ 치즈케이크 만들기

---

① W: Where are you going?

B: I'm going to the _____.

② W: Where are you from?

B: I'm from Australia.

③ W: What are you doing?

B: I'm playing _____.

④ W: What do you want to be?

B: I want to be a _____.

G: Can you _____, Ben?

B: No, I can't swim.

G: Don't worry. I can _____ you.

B: Really?

G: Sure. You _____ do it. Cheer up.

G: _____ are you making?

B: I'm making *bun cha*.

G: What's *bun cha*?

B: It's a _____ salad. It's from Vietnam.

G: Wow. It looks _____.

> '분짜'는 베트남 음식으로 쌀국수와 숯불에 구운 돼지고기, 채소를 함께 새콤달콤한 맛이 나는 소스에 적셔 먹는 음식이에요. 물냉면과 숯불고기를 같이 먹는 느낌과 비슷하다고도 합니다.

B: Let's _____ _____ _____ this Saturday.

G: Sorry, but I go to my cooking _____ on Saturdays.

B: What do you do there?

G: I make cheesecake.

B: I love cheesecake. Can I _____ you?

G: Sure. It will be fun.

05

다음을 듣고, 자연스러운 대화를 고르시오.

①   ②   ③   ④

① W: Excuse me. Where is the _____?

    M: It's under the desk.

② W: What day is it today?

    M: It's _____.

③ W: What will you do this _____?

    M: Have a good time.

④ W: What size do you want?

    M: I want some boots.

06

다음을 듣고, 남자아이가 할 말로 알맞은 것을 고르시오.

①   ②   ③   ④

① B: Let's _____ shopping.

② B: I don't have anything.

③ B: What a nice _____!

④ B: I'm sorry to _____ that.

상대방으로부터 안 좋은 소식을 들었을 때 영어로 어떻게 말하면 좋을까요? That's too bad.나 I'm sorry to hear that.이라고 하면 유감을 나타내는 표현이 되니까 꼭 기억하세요.

07

대화를 듣고, 무엇에 관해 이야기하는지 고르시오.

① 약과
② 피자
③ 샐러드
④ 팬케이크

B: Look. What is it, Yoonji?

G: This is a Korean _____ snack.

B: Oh, how does it taste?

G: It's very _____. It's a Korean _____ cookie.

08

대화를 듣고, 여자아이가 수요일을 좋아하는 이유를 고르시오.

① 목요일 전날이라서
② 미술 수업이 있어서
③ 집에 일찍 갈 수 있어서
④ 주말이 다가오고 있어서

G: June, what day is it today?

B: Thursday. Oh, sorry. It's _____.

G: Nice. I like Wednesdays.

B: Me, too. We can go home early.

G: I like Wednesdays because we have an _____ class. My favorite _____ is art.

09

다음을 듣고, 이어질 응답으로 가장 알맞은 것을
고르시오.

① ② ③ ④

B: What _____ do you go to bed?

G: _____

① G: Yes. I'm very _____.

② G: Good _____.

③ G: I go to bed at 10:30.

④ G: Have a good time.

10

대화를 듣고, 여자아이가 찾는 장소의 위치를
고르시오.

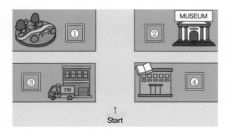

G: Excuse me. Where is the _____ _____?

M: Go straight one block and then _____ left.

G: Go straight one block and then turn left?

M: Yes. It's on your left. It's _____ _____ the park.

G: Thank you.

11

대화를 듣고, 야구공의 가격을 고르시오.

① 11달러
② 15달러
③ 18달러
④ 28달러

W: May I help you?

B: Yes, please. How much is this _____?

W: It's 28 dollars.

B: Oh, it's too _____. How much is this _____?

W: It's 15 dollars.

B: Okay. I'll take it.

W: Thank you. Here you are.

12

대화를 듣고, 남자아이에 대한 내용과 일치하지
않는 것을 고르시오.

① 남자아이는 목이 마르다.
② 남자아이는 우유를 마신다.
③ 남자아이는 초콜릿 쿠키를 먹는다.
④ 남자아이는 우유를 더 마시기를 원한다.

B: I'm _____. Can I drink some milk?

W: Sure. _____ you are.

B: Thanks. Can I have some chocolate cookies, too?

W: Sure. Do you _____ some more?

B: No, Thanks. I have enough.

13

다음을 듣고, 무엇에 대한 설명인지 고르시오.

①

②

③

④

M: I am an insect. I have 8 _____. I can make a _____ with a thread. I can _____ prey with this web. Who am I?

14

대화를 듣고, 어떤 상황에서 이루어지는 대화인지 고르시오.

① 사과하는 상황
② 축하하는 상황
③ 제안하는 상황
④ 부탁하는 상황

B: Whose _____ is this?

G: It's mine.

B: I'm sorry. I _____ water on your book.

G: That's okay.

B: I was too _____. Sorry.

G: The book will be fine.

B: Thank you for saying that.

15

다음을 듣고, 그림과 일치하는 것을 고르시오.

① ② ③ ④

① G: Let's watch a _____ this Sunday. It's cool.

② G: My favorite color is red. How about you?

③ G: Can I use your computer? I want to _____ a picture.

④ G: This channel is _____. Let's press the "Like" icon.

16

대화를 듣고, 여자아이가 빌린 책 종류와 권수가 바르게 짝지어진 것을 고르시오.

빌린 책	권수
① 과학책	– 2권
② 과학책	– 3권
③ 역사책	– 2권
④ 역사책	– 3권

M: May I _____ you?

G: Yes, please. I'm looking for *Magic Science*.

M: It's in section A.

G: Thank you. How _____ books can I borrow?

M: You can borrow _____ _____ three books.

G: I need only two today.

17

대화를 듣고, 삼촌이 하고 있는 일을 고르시오.

① 세차하기
② 커피 마시기
③ 차 수리하기
④ 정원에 물 주기

B: Mom, where is my _____?

W: He's in the _____ now.

B: What is he doing there?

W: He's fixing his _____.

B: Okay. I'll go and help him.

18

대화를 듣고, 이어질 응답으로 알맞은 것을 고르시오.

① That's too bad.
② I have no idea.
③ Sure. Help yourself.
④ Please come and see.

W: _____ to my house.

B: Wow, what a lovely _____!

W: Thank you. There are many cakes and chocolate cookies.

B: Ooh, cookies! Can I _____ some?

W: _____

19

대화를 듣고, 이어질 응답으로 알맞은 것을 고르시오.

① No, I don't enjoy it.
② Yes, I want to be a nurse.
③ Yes, I want to be a doctor.
④ No, I don't want to see a doctor.

B: Who is she?

G: She's my _____. She's my hero.

B: What does she do?

G: She's a _____. I want to help _____ people like her.

B: Do you want to be a doctor, too?

G: _____

20

대화를 듣고, 이어질 응답으로 알맞지 <u>않은</u> 것을 고르시오.

① I love it!
② It's amazing.
③ It's good to hear.
④ It's fresh and delicious.

B: What are you doing?

G: I'm making a _____ salad.

B: It looks _____.

G: Do you want to _____ it?

B: Yes, please.

G: Here you are. How is it?

B: _____

 **FLY UP**

● MP3 파일을 잘 듣고, 다음 빈칸을 채워 대화를 완성해 보세요.

> "A에는 B의 대답에 어울리는 질문이, B에는 A의 질문에 어울리는 대답이 들어갈 거예요. A와 B가 어떠한 대화를 나누게 될까요?"

01 A <u>What day is it today?</u>　　　　　　　<u>오늘 무슨 요일이니?</u>

　　 B It's Friday.　　　　　　　　　　　금요일이야.

02 A _____　　_____

　　 B It's mine.　　　　　　　　　　　그것은 내 것이야.

03 A _____　　_____

　　 B No, thanks.　　　　　　　　　　　아니요, 괜찮습니다.

04 A _____　　_____

　　 B Sure. Here you are.　　　　　　　물론이죠. 여기 있어요.

05 A What are you dong?　　　　　　　너는 무엇을 하고 있니?

　　 B _____　　_____

"한 번에 문장을 다 쓰긴 어려워요. 여러 번 들으면서 메모하며 천천히 적어도 좋아요. 문장이 완성되면, 우리말 뜻도 적어 보세요!"

06 I _go to bed at 10:30_____ .

  나는 10시 30분에 자._____

07 That's _____ .

  _____

08 It's _____ .

  _____

09 He's _____ .

  _____

10 It _____ .

  _____

Listen & Speak Up 9

SPEAK UP

● **주어진 우리말 의미에 맞게 영어로 말해 보세요.**

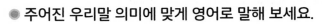

STEP1 우리말을 읽고, 앞에서 학습한 내용을 이용하여 영어로 말해 봐요. 말한 뒤에는 네모 박스에 체크해요.

STEP2 주어진 어휘 또는 표현들을 이용하여 문장을 완성해요.

01 너는 좀 더 먹을래? (want, some)

STEP1 ☐

STEP2 _____

02 그는 지금 정원에 있어요. (garden)

STEP1 ☐

STEP2 _____

03 그것은 공원 건너편에 있어요. (across)

STEP1 ☐

STEP2 _____

04 오늘은 무슨 요일이니? (day)

STEP1 ☐

STEP2 _____

05 네가 가장 좋아하는 색깔은 무엇이니? (color)

STEP1 ☐

STEP2 _____

06 이것은 누구의 수건이니? (towel)

STEP1 ☐

STEP2 _____

07 나는 10시 30분에 자. (go to bed)

STEP1 ☐

STEP2 _____

WARM UP

새로운 어휘들을 미리 공부해 볼까요?

| 정답과 해설 57쪽 |

A MP3 파일을 잘 듣고, 알맞은 번호 옆에 어휘의 철자와 뜻을 쓰세요.
뒷장으로 넘어가기 전, 한 번 더 들어 보고 싶은 경우에는 네모 박스에 체크하세요.

01 ☐ turn off   (전기 등을) 끄다

02 ☐

03 ☐

04 ☐

05 ☐

06 ☐

07 ☐

08 ☐

09 ☐

10 ☐

B 주어진 우리말 의미에 맞도록 빈칸을 채우세요.
위에서 학습한 어휘들을 이용해 보세요.

01 긴 꼬리   a long _____

02 방학 동안   _____ the vacation

03 바느질 하는 법   how to _____

04 냄새가 좋다   _____ good

05 이 열쇠들을 떨어뜨리다   _____ these keys

06 두통이 있어요.   I have a _____.

07 내 오른쪽 다리가 아파.   My right leg _____s.

08 너는 너의 전화기를 꺼야 한다.   You should _____ _____ your phone.

09 그것은 어렵지 않니?   Isn't it _____?

10 콧물이 나요.   I have a _____ _____.

● MP3 파일을 잘 듣고, 물음에 답하세요.

01
241037-0226

다음을 듣고, 그림의 상황에 가장 알맞은 것을 고르시오.

①   ②   ③   ④

02
241037-0227

대화를 듣고, 길을 묻고 답할 때 나누는 대화로 알맞은 것을 고르시오.

①   ②   ③   ④

03
241037-0228

대화를 듣고, 두 사람은 어떤 관계인지 고르시오.

① 점원 – 손님
② 삼촌 – 조카
③ 의사 – 환자
④ 관객 – 배우

04
241037-0229

대화를 듣고, 남자아이가 먹을 음식을 고르시오.

①    ②

③    ④

05
241037-0230

다음을 듣고, 알맞은 응답을 고르시오.

①   ②   ③   ④

06
241037-0231

다음을 듣고, 여자아이가 할 말로 알맞은 것을 고르시오.

①   ②   ③   ④

07
241037-0232

대화를 듣고, 무엇에 관해 이야기하는지 고르시오.

① 운동하기
② 방학 계획
③ 장래 희망
④ 약속 잡기

08
241037-0233

대화를 듣고, 두 사람이 할 일을 고르시오.

① 학교에 가기
② 체육관에 가기
③ 음료수를 마시러 가기
④ 배드민턴 라켓을 사러 가기

09
241037-0234

다음을 듣고, 이어질 응답으로 가장 알맞은 것을 고르시오.

①   ②   ③   ④

10
241037-0235

대화를 듣고, Amy가 있는 장소의 위치를 고르시오.

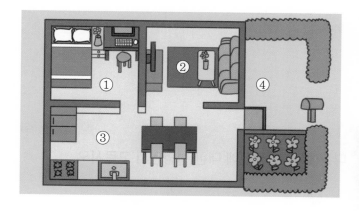

Listen & Speak Up 10

11
▶ 241037-0236

대화를 듣고, 남자아이가 되고 싶어 하는 것을 고르시오.

① 영화배우
② 영화감독
③ 동화 작가
④ 포스터 제작자

12
▶ 241037-0237

대화를 듣고, 대화의 내용과 일치하는 것을 고르시오.

① 남자아이는 음악을 좋아한다.
② 남자아이는 스페인에서 왔다.
③ 남자아이는 첼로 연주가 취미이다.
④ 남자아이가 가장 좋아하는 과목은 미술이다.

13
▶ 241037-0238

다음을 듣고, 무엇에 대한 설명인지 고르시오.

①

②

③

④

14
▶ 241037-0239

대화를 듣고, 어떤 상황에서 이루어지는 대화인지 고르시오.

① 위로하는 상황
② 초대하는 상황
③ 처음 만난 상황
④ 안부를 묻는 상황

15
▶ 241037-0240

다음을 듣고, 그림과 일치하는 것을 고르시오.

①   ②   ③   ④

16

▶ 241037-0241

대화를 듣고, 여자아이가 주문한 음식과 음료수가 바르게 짝지어진 것을 고르시오.

음식	음료수
① 감자 피자, 볶음밥	– 콜라
② 감자 피자, 감자튀김	– 콜라
③ 고구마 피자, 감자튀김	– 사과주스
④ 고구마 피자, 치킨	– 사과주스

17

▶ 241037-0242

대화를 듣고, 남자아이가 있는 장소와 하고 있는 일을 고르시오.

① 공원에서 연 날리기
② 공원에서 자전거 타기
③ 학교 운동장에서 청소하기
④ 학교 운동장에서 자전거 타기

18

▶ 241037-0243

대화를 듣고, 이어질 응답으로 알맞은 것을 고르시오.

① That's very fun.
② They're delicious.
③ They're expensive.
④ They're on the table.

19

▶ 241037-0244

대화를 듣고, 이어질 응답으로 알맞은 것을 고르시오.

① No problem.
② Sounds great.
③ That's too bad.
④ Congratulations.

20

▶ 241037-0245

대화를 듣고, 이어질 응답으로 알맞지 않은 것을 고르시오.

① I went on a trip to Europe.
② I went camping with my cousin.
③ I ate a lot of food at the culture festival.
④ I want to stay at home and watch movies.

● MP3 파일을 잘 듣고, 물음에 답하세요.

01 ▶ 241037-0246

대화를 듣고, 남자아이가 이모를 찾는 목적을 고르시오.

① 쇼핑몰에 가려고
② 상담을 받으려고
③ 선물을 기다리려고
④ 요리를 함께 하려고
⑤ 숙제에 도움을 받으려고

02 ▶ 241037-0247

대화를 듣고, 남자아이가 내일 할 일을 고르시오.

① 영화 보기
② 친구 집 가기
③ 생일 파티하기
④ 컴퓨터 게임하기
⑤ 할아버지 댁 방문하기

03 ▶ 241037-0248

대화를 듣고, 남자아이의 취미와 그 이유가 바르게 짝지어진 것을 고르시오.

	취미	이유
①	독서	이야기가 재밌어서
②	독서	'해리 포터'를 좋아해서
③	체스	하기가 어려워서
④	체스	재미있고 흥미로워서
⑤	체스	'해리 포터'를 좋아해서

04 ▶ 241037-0249

다음을 듣고, 대화가 자연스럽지 <u>않은</u> 것을 고르시오.

①   ②   ③   ④   ⑤

05 ▶ 241037-0250

대화를 듣고, 그림의 상황에 가장 적절한 것을 고르시오.

①   ②   ③   ④   ⑤

● MP3 파일을 잘 듣고, 다음 빈칸을 채워 보세요. 빈칸을 채운 뒤, 한 번 더 문제를 풀어 보세요.

01

다음을 듣고, 그림의 상황에 가장 알맞은 것을 고르시오.

①   ②   ③   ④

02

대화를 듣고, 길을 묻고 답할 때 나누는 대화로 알맞은 것을 고르시오.

①   ②   ③   ④

03

대화를 듣고, 두 사람은 어떤 관계인지 고르시오.

① 점원 – 손님
② 삼촌 – 조카
③ 의사 – 환자
④ 관객 – 배우

04

대화를 듣고, 남자아이가 먹을 음식을 고르시오.

① G: Where is Jinsu?

  B: I have no idea.

② G: These are my new bags.

  B: They look _____.

③ G: Can you open the _____?

  B: Of course.

④ G: You should _____ _____ your phone.

  B: I'm sorry.

① M: May I take your order?

  W: I'd like some noodles.

② M: May I borrow your _____?

  W: Sure. Go ahead.

③ M: Can I help you?

  W: I'm looking for some _____.

④ M: Where is the ice cream shop?

  W: Go _____ and then turn right.

M: Can I help you?

G: Yes, please. I have a _____.

M: Let me check. Oh, you have a fever.

G: I have a _____ _____, too.

M: Okay. Take this medicine and get some _____.

B: I'm very_____. Let's order some food.

G: Okay. Do you want some *tteokbokki*?

B: No. I don't like _____ food.

G: How about fried _____?

B: That sounds good.

05

다음을 듣고, 알맞은 응답을 고르시오.

①   ②   ③   ④

06

다음을 듣고, 여자아이가 할 말로 알맞은 것을 고르시오.

①   ②   ③   ④

07

대화를 듣고, 무엇에 관해 이야기하는지 고르시오.

① 운동하기
② 방학 계획
③ 장래 희망
④ 약속 잡기

08

대화를 듣고, 두 사람이 할 일을 고르시오.

① 학교에 가기
② 체육관에 가기
③ 음료수를 마시러 가기
④ 배드민턴 라켓을 사러 가기

W: What _____ do you want?

B: _____

① B: I want a _____ one.

② B: It's fourteen dollars.

③ B: It's too expensive.

④ B: My size is _____ than yours.

① G: I like _____ class.

② G: Where is the _____?

③ G: I want to be a movie _____.

④ G: There are many lockers in the classroom.

G: Summer _____ starts next Friday.

B: Yes, I'm so excited.

G: What will you do this summer?

B: I will do a _____ tour. How about you?

G: I will _____ my uncle in Yeosu.

B: Have a good time.

G: You, too.

B: Where are you going?

G: I'm going to the _____.

B: Are you going to play badminton there?

G: Yes. Do you want to _____ me?

B: Yes, but I don't have a badminton racket.

G: Don't _____. I have one more.

B: Really? Then let's go and play together.

09

다음을 듣고, 이어질 응답으로 가장 알맞은 것을 고르시오.

①   ②   ③   ④

10

대화를 듣고, Amy가 있는 장소의 위치를 고르시오.

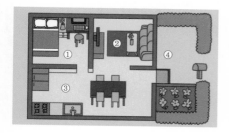

11

대화를 듣고, 남자아이가 되고 싶어 하는 것을 고르시오.

① 영화배우
② 영화감독
③ 동화 작가
④ 포스터 제작자

12

대화를 듣고, 대화의 내용과 일치하는 것을 고르시오.

① 남자아이는 음악을 좋아한다.
② 남자아이는 스페인에서 왔다.
③ 남자아이는 첼로 연주가 취미이다.
④ 남자아이가 가장 좋아하는 과목은 미술이다.

B: May I _____ my cat?

W: _____

① W: Yes, you _____.

② W: Yes, I like your _____.

③ W: Sorry. You may not.

④ W: Of course not. Come in, please.

W: Honey, did you _____ Amy?

M: Yes, I did.

W: What is she _____?

M: She's watering the flowers.

W: Is she in the living room?

M: No. She's in the _____.

B: Look at this movie poster.

G: It is cool.

B: Yes. Do you know this man?

G: No, I don't. _____ is he?

B: He's my _____. I want to be like him.

G: Is he a movie director?

B: No. He is a movie _____.

G: Khan, where are you from?

B: I'm from Mexico.

G: What's your _____?

B: I like to play the _____.

G: Do you like music?

B: Yes, I do. But my favorite subject is _____.

13

다음을 듣고, 무엇에 대한 설명인지 고르시오.

① (kangaroo) ② (dog)
③ (zebra) ④ (cat)

14

대화를 듣고, 어떤 상황에서 이루어지는 대화인지 고르시오.

① 위로하는 상황
② 초대하는 상황
③ 처음 만난 상황
④ 안부를 묻는 상황

15

다음을 듣고, 그림과 일치하는 것을 고르시오.

① ② ③ ④

16

대화를 듣고, 여자아이가 주문한 음식과 음료수가 바르게 짝지어진 것을 고르시오.

음식	음료수
① 감자 피자, 볶음밥	– 콜라
② 감자 피자, 감자튀김	– 콜라
③ 고구마 피자, 감자튀김	– 사과주스
④ 고구마 피자, 치킨	– 사과주스

W: I am an _____. I have four legs. I have a long _____, too. I can _____ high. I have a pocket in my belly. Who am I?

'캥거루'는 호주 원주민들에게 무슨 동물인지 묻자 그들의 언어로 '모른다'고 대답한 것을, 동물 이름인 줄 알고 그렇게 불렀다는 이야기가 있어요. 하지만 진짜 어원은 회색 캥거루를 뜻하는 '강우루(gangurru)'에서 왔다고 해요.

B: What will you do this Saturday?
G: I will have a _____. Can you come to my house?
B: Sure. What _____ should I go?
G: Come to my house by 12 o'clock.
B: Okay. I can't _____.

① B: We have a science class on _____.
② B: We have an art class on _____.
③ B: We have a math class on Wednesday.
④ B: We have a P.E. class on _____.

M: Are you ready to _____?
G: Yes, please. I'd like a potato _____ and French fries.
M: _____ else?
G: I want a cola, too.
M: Okay. Thank you.

17

대화를 듣고, 남자아이가 있는 장소와 하고 있는 일을 고르시오.

① 공원에서 연 날리기
② 공원에서 자전거 타기
③ 학교 운동장에서 청소하기
④ 학교 운동장에서 자전거 타기

18

대화를 듣고, 이어질 응답으로 알맞은 것을 고르시오.

① That's very fun.
② They're delicious.
③ They're expensive.
④ They're on the table.

19

대화를 듣고, 이어질 응답으로 알맞은 것을 고르시오.

① No problem.
② Sounds great.
③ That's too bad.
④ Congratulations.

20

대화를 듣고, 이어질 응답으로 알맞지 <u>않은</u> 것을 고르시오.

① I went on a trip to Europe.
② I went camping with my cousin.
③ I ate a lot of food at the culture festival.
④ I want to stay at home and watch movies.

[Cell phone rings.]

W: What are you doing, Dennis?

B: I'm riding my bike.

W: Are you at the _____ now?

B: No, I'm at the _____.

W: It's getting late. You should come _____.

B: Okay, Mom.

B: What are you doing?

W: I'm cooking in the _____.

B: _____ good. What are you making?

W: I'm making _____.

B: Can I try some?

W: Sure. Here you are.

B: _____

상대방에게 무엇을 줄 때 '여기 있어요' 하는 말은 Here you are. 외에도 Here you go.를 쓰기도 해요. 이처럼 우리말에서는 '여기 있어요'라는 표현 하나이지만, 영어권에서 다양한 표현을 씁니다.

G: I'm going skiing this Sunday. Do you want to join me?

B: I want to, but I can't.

G: What's the _____?

B: My _____ leg _____.

G: _____

B: Did you have a good _____?

G: Yes, I did. How was yours?

B: It was _____.

G: What did you do _____ the vacation?

B: _____

FLY UP

● MP3 파일을 잘 듣고, 다음 빈칸을 채워 대화를 완성해 보세요.

"A에는 B의 대답에 어울리는 질문이, B에는 A의 질문에 어울리는 대답이 들어갈 거예요. A와 B가 어떠한 대화를 나누게 될까요?"

01 A What size do you want?　　　　　　당신은 어떤 사이즈를 원하나요?

　　 B I want a large one.　　　　　　　저는 큰 사이즈를 원해요.

02 A _____　　　　_____

　　 B Sure. What time should I go?　　물론이지. 내가 몇 시에 가야 하니?

03 A What's the matter?　　　　　　　무슨 일이니?

　　 B _____　　　_____

04 A What's your hobby?　　　　　　　네 취미는 뭐니?

　　 B _____　　　_____

05 A _____　　　_____

　　 B Go straight and then turn right.　곧장 가다가 오른쪽으로 도세요.

146 초등 영어듣기평가 완벽대비_5-1

"한 번에 문장을 다 쓰긴 어려워요. 여러 번 들으면서 메모하며 천천히 적어도 좋아요. 문장이 완성되면, 우리말 뜻도 적어 보세요!"

06 We <u>have a P.E. class on Thursday</u>.

<u>우리는 목요일에 체육 수업이 있어.</u>

07 I _____.

_____

08 You _____.

_____

09 My _____.

_____

10 I _____.

_____

● 주어진 우리말 의미에 맞게 영어로 말해 보세요.

STEP 1 우리말을 읽고, 앞에서 학습한 내용을 이용하여 영어로 말해 봐요. 말한 뒤에는 네모 박스에 체크해요.

STEP 2 주어진 어휘 또는 표현들을 이용하여 문장을 완성해요.

01 나는 두통이 있어요. (headache)

STEP 1 ☐

STEP 2 _____

02 나는 기름진 음식을 좋아하지 않아. (greasy)

STEP 1 ☐

STEP 2 _____

03 지하철역이 어디인가요? (subway station)

STEP 1 ☐

STEP 2 _____

04 내 사이즈가 네 것보다 더 커. (yours)

STEP 1 ☐

STEP 2 _____

05 너는 우리 집에 올 수 있니? (can, my house)

STEP 1 ☐

STEP 2 _____

06 당신은 어떤 사이즈를 원하나요? (what size)

STEP 1 ☐

STEP 2 _____

07 무슨 일이니? (matter)

STEP 1 ☐

STEP 2

한눈에 보는 **정답**

LISTEN UP

Listen & Speak Up 1
본문 10~19쪽

듣기평가 모의고사

01 ④	02 ①	03 ①	04 ②	05 ②
06 ④	07 ①	08 ④	09 ③	10 ④
11 ③	12 ②	13 ①	14 ③	15 ①
16 ①	17 ②	18 ①	19 ④	20 ②

실력 높여 보기

01 ①	02 ④	03 ③	04 ⑤	05 ④

Listen & Speak Up 4
본문 52~61쪽

듣기평가 모의고사

01 ②	02 ④	03 ②	04 ②	05 ①
06 ②	07 ③	08 ①	09 ④	10 ①
11 ②	12 ②	13 ①	14 ②	15 ④
16 ①	17 ①	18 ④	19 ①	20 ②

실력 높여 보기

01 ④	02 ⑤	03 ①	04 ②	05 ④

Listen & Speak Up 2
본문 24~33쪽

듣기평가 모의고사

01 ④	02 ②	03 ④	04 ③	05 ①
06 ①	07 ③	08 ④	09 ②	10 ④
11 ④	12 ③	13 ④	14 ③	15 ④
16 ①	17 ④	18 ④	19 ③	20 ②

실력 높여 보기

01 ⑤	02 ①	03 ⑤	04 ①	05 ③

Listen & Speak Up 5
본문 66~75쪽

듣기평가 모의고사

01 ③	02 ①	03 ③	04 ④	05 ②
06 ③	07 ④	08 ②	09 ③	10 ①
11 ①	12 ③	13 ④	14 ①	15 ④
16 ②	17 ②	18 ④	19 ①	20 ①

실력 높여 보기

01 ①	02 ①	03 ③	04 ④	05 ②

Listen & Speak Up 3
본문 38~47쪽

듣기평가 모의고사

01 ④	02 ④	03 ①	04 ②	05 ①
06 ④	07 ③	08 ④	09 ②	10 ③
11 ③	12 ①	13 ④	14 ①	15 ②
16 ③	17 ④	18 ④	19 ④	20 ③

실력 높여 보기

01 ②	02 ③	03 ⑤	04 ⑤	05 ②

Listen & Speak Up 6
본문 80~89쪽

듣기평가 모의고사

01 ④	02 ②	03 ④	04 ③	05 ①
06 ①	07 ③	08 ④	09 ④	10 ④
11 ③	12 ④	13 ③	14 ④	15 ③
16 ①	17 ②	18 ④	19 ②	20 ②

실력 높여 보기

01 ②	02 ②	03 ②	04 ⑤	05 ①

Listen & Speak Up 7

본문 94~103쪽

듣기평가 모의고사

01 ③	02 ③	03 ②	04 ③	05 ①
06 ③	07 ②	08 ③	09 ③	10 ②
11 ③	12 ②	13 ③	14 ④	15 ①
16 ③	17 ④	18 ①	19 ③	20 ②

실력 높여 보기

01 ③	02 ④	03 ②	04 ③	05 ④

Listen & Speak Up 9

본문 122~131쪽

듣기평가 모의고사

01 ②	02 ①	03 ①	04 ④	05 ②
06 ③	07 ①	08 ②	09 ③	10 ③
11 ②	12 ④	13 ④	14 ①	15 ④
16 ①	17 ③	18 ③	19 ③	20 ③

실력 높여 보기

01 ③	02 ②	03 ①	04 ③	05 ⑤

Listen & Speak Up 8

본문 108~117쪽

듣기평가 모의고사

01 ①	02 ④	03 ③	04 ③	05 ④
06 ③	07 ④	08 ③	09 ③	10 ④
11 ④	12 ③	13 ③	14 ④	15 ④
16 ③	17 ③	18 ①	19 ③	20 ②

실력 높여 보기

01 ⑤	02 ④	03 ④	04 ⑤	05 ③

Listen & Speak Up 10

본문 136~145쪽

듣기평가 모의고사

01 ④	02 ④	03 ③	04 ③	05 ①
06 ④	07 ②	08 ②	09 ③	10 ④
11 ①	12 ①	13 ①	14 ②	15 ④
16 ②	17 ②	18 ②	19 ③	20 ④

실력 높여 보기

01 ⑤	02 ⑤	03 ④	04 ⑤	05 ①

초등

영어듣기평가
완벽대비
Listen & Speak Up

5-1

정답과 해설

Listen & Speak Up 1

A
01 careful, 조심하는
02 pizza place, 피자 가게
03 vacation, 방학, 휴가
04 character, 등장인물
05 drawer, 서랍
06 kitchen tool, 주방 도구
07 serve, 대접하다, 차리다
08 topping, 고명, 토핑
09 sauce, 소스
10 by the way, 그런데

B
01 pizza place
02 character
03 drawer
04 serve
05 sauce
06 careful
07 vacation
08 kitchen tool
09 topping
10 the way

LISTEN UP JUMP UP

LISTEN UP   듣기평가 모의고사 1   본문 10~19쪽

01 ④	02 ①	03 ①	04 ②	05 ②	06 ④	07 ①	08 ④	09 ③	10 ④
11 ③	12 ②	13 ①	14 ③	15 ①	16 ①	17 ②	18 ①	19 ④	20 ②

정답	JUMP UP 받아쓰기(스크립트)	해석
01 ④ 그림에서 두 사람은 산에서 찍은 여자의 사진을 보고 있다. · take a picture 사진을 찍다 · free time 자유 시간 · draw 그리다 · favorite 가장 좋아하는	① M: Can you take a picture of us? 　W: Of course. ② M: What do you do in your <u>free</u> time? 　W: I draw flowers. ③ M: What is your <u>favorite</u> sport? 　W: I like swimming. ④ M: What are you looking at? 　W: I'm looking at a <u>picture</u> of me at Seoraksan Mountain.	① 남자: 우리 사진 찍어 줄 수 있니? 　여자: 물론이지. ② 남자: 너는 자유 시간에 무엇을 하니? 　여자: 나는 꽃을 그려. ③ 남자: 네가 가장 좋아하는 스포츠는 무엇이니? 　여자: 나는 수영을 좋아해. ④ 남자: 너는 무엇을 보고 있니? 　여자: 나는 설악산에서 찍은 내 사진을 보고 있어.
02 ① 남자가 차가 오고 있다고 경고하고 있다. · careful 조심하는 · cell phone 휴대 전화 · crosswalk 횡단보도	M: Minji, be <u>careful</u>! A car is coming. G: Oh, thanks. M: <u>Don't</u> use your cell phone in the <u>crosswalk</u>. G: Okay. I won't.	남자: 민지야, 조심해! 차가 오고 있어. 소녀: 오, 고마워요. 남자: 횡단보도에서 휴대 전화를 사용하지 마. 소녀: 알겠어요. 안 그럴게요.
03 ① 여자아이가 검정색 모자를 쓴 남자가 자신의 삼촌이라고 했다. · cap (챙이 달린) 모자 · wave (손을) 흔들다 · uncle 삼촌 · actor 배우	B: Do you <u>know</u> that man? G: Who? B: The man with the black <u>cap</u>. He is waving his hand. G: He's my uncle. He is an <u>actor</u>.	소년: 너는 저 남자를 아니? 소녀: 누구? 소년: 검정색 모자를 쓰고 있는 남자 말이야. 그는 손을 흔들고 있어. 소녀: 그는 나의 삼촌이야. 그는 배우야.
04 ② 새로 생긴 피자 가게에서 할인 중인 치즈 피자를 먹	B: I'm so <u>hungry</u>. G: Let's order a pizza.	소년: 나는 배가 매우 고파. 소녀: 피자를 주문하자.

정답	JUMP UP 받아쓰기(스크립트)	해석

기로 했다.
· hungry 배가 고픈
· order 주문하다
· place 장소, 가게
· on sale 할인 중인

B: Good. How about ordering from the new pizza place?
G: Okay. Here's the menu... The cheese pizza is on sale.
B: Nice. Let's have that.

소년: 좋아. 새로 생긴 피자 가게에서 주문하는 게 어때?
소녀: 좋아. 여기 메뉴가 있어… 치즈 피자가 할인 중이야.
소년: 좋아. 그것을 먹자.

---

05 ② 그녀에 관해 말해 달라는 요청에 착하고 친절하다고 성격을 알려 주는 응답은 적절하다.
· friendly 친절한
· vacation 방학
· painting 그림

① B: How about meeting at five?
   G: I will meet her at the library.
② B: Can you tell me about her?
   G: Sure. She is nice and friendly.
③ B: How was your vacation?
   G: It must be fun.
④ B: What do you think about the painting?
   G: That's a good idea.

① 소년: 5시에 만나는 게 어때?
   소녀: 나는 그녀를 도서관에서 만날 거야.
② 소년: 너는 그녀에 관해 나에게 말해 줄 수 있니?
   소녀: 물론이지. 그녀는 착하고 친절해.
③ 소년: 너의 방학은 어땠니?
   소녀: 그건 분명 재미있을 거야.
④ 소년: 너는 그 그림에 대해 어떻게 생각하니?
   소녀: 그거 좋은 생각이야.

---

06 ④ 그림에서 남자아이에게 티셔츠가 너무 크기 때문에, 좀 더 작은 티셔츠가 있는지 질문할 것이다.
· try on 입어 보다
· size 크기, 사이즈
· smaller 더 작은

① B: Can I try this on?
② B: What size are your shoes?
③ B: What's your favorite T-shirt?
④ B: Do you have a smaller T-shirt?

① 소년: 이것을 입어 봐도 되나요?
② 소년: 당신의 신발 사이즈가 무엇인가요?
③ 소년: 당신이 가장 좋아하는 티셔츠는 무엇인가요?
④ 소년: 좀 더 작은 티셔츠 있나요?

---

07 ① 두 사람은 새로 나온 농구 비디오 게임에 관해 이야기하고 있다.
· character 등장인물, 캐릭터
· real 실제의, 진짜의
· player 선수

B: Judy, are you watching a basketball game?
G: No, it's a new basketball video game.
B: Oh, the characters look so real.
G: Yeah, the game characters are real basketball players.
B: That looks interesting.

소년: Judy, 너는 농구 경기를 보고 있는 중이니?
소녀: 아니, 이것은 새로 나온 농구 비디오 게임이야.
소년: 오, 등장인물들이 정말 실제 같아.
소녀: 응, 이 게임 등장인물들은 실제 농구 선수들이야.
소년: 재미있을 것 같아.

---

08 ④ 마지막에 남자아이가 준호에게 휴대 전화를 준다고 했다.
· cute 귀여운
· rabbit 토끼
· sticker 스티커
· look for ~을 찾다

G: Whose phone is this? Do you know?
B: It's Junho's. There is a cute rabbit sticker on it.
G: Oh, you're right. That is Junho's favorite character.
B: I'll give it to Junho. He must be looking for it.

소녀: 이것은 누구의 휴대 전화니? 너는 아니?
소년: 그건 준호의 것이야. 그 위에 귀여운 토끼 스티커가 있어.
소녀: 오, 네 말이 맞아. 그건 준호가 제일 좋아하는 캐릭터야.
소년: 내가 그걸 준호에게 줄게. 그는 틀림없이 그걸 찾고 있을 거야.

---

09 ③ 남자아이가 컵을 깬 상황에서 엄마가 아이에게 괜찮은지 묻고 있다.
· thirsty 목이 마른
· broke break(깨다)의 과거형
· hurt 아픈

W: Honey, are you okay?
B: _____

여자: 얘야, 괜찮니?
소년: _____

① 목마르세요?
② 저는 새 신발이 필요해요.
③ 네, 그런데 제가 컵을 깼어요.
④ 네. 제 다리를 다쳤어요.

정답	JUMP UP 받아쓰기(스크립트)	해석

10 ④ 남자아이가 안경을 책상 아래에서 찾았다.
- glasses 안경
- usually 보통
- drawer 서랍
- found find(찾다)의 과거형

B: Did you see my glasses?
W: You usually put them on your <u>desk</u>.
B: I can't <u>find</u> them.
W: They are not on the sofa or in the drawer.
B: Oh, I found them. They're <u>under</u> the desk.

소년: 제 안경 보셨나요?
여자: 너는 보통 그걸 네 책상 위에 두잖아.
소년: 그걸 찾을 수가 없어요.
여자: 소파 위나 서랍 안에도 없구나.
소년: 오, 그걸 찾았어요. 그것은 책상 아래에 있어요.

11 ③ 남자아이는 Lucy의 집에서 보드게임을 하고 영화를 봤다고 했다.
- have fun 재미있게 보내다
- board game 보드게임
- soup 수프

B: Mom, I'm home.
W: Did you <u>have</u> fun at Lucy's house?
B: Yes. We played board games and watched movies.
W: What did you have for <u>lunch</u>?
B: Lucy's sister made chicken <u>soup</u> for us.

소년: 엄마, 저 집에 왔어요.
여자: Lucy의 집에서 재밌게 보냈니?
소년: 네. 저희는 보드게임을 했고 영화를 봤어요.
여자: 점심으로 무엇을 먹었니?
소년: Lucy의 언니가 저희를 위해 치킨 수프를 만들어 주었어요.

12 ② 메타버스에서 여자아이의 캐릭터는 Music Town에 산다고 했다.
- nickname 별명
- wear 입다
- jeans 청바지

G: This is my <u>character</u> in the Metaverse. Her <u>nickname</u> is Sweet Melody. She lives in Music Town. She has red hair and wears jeans. She <u>plays</u> the guitar very well.

소녀: 이건 메타버스에서 나의 캐릭터이다. 그녀의 별명은 Sweet Melody이다. 그녀는 Music Town에 산다. 그녀는 빨간색 머리를 하고 청바지를 입는다. 그녀는 기타를 매우 잘 친다.

13 ① 긴 손잡이가 있고 큰 숟가락처럼 생긴 주방 도구는 국자이다.
- tool 도구
- handle 손잡이
- spoon 숟가락
- serve 대접하다, 차리다

M: This is a kitchen tool. It has a long <u>handle</u>. It looks like a big <u>spoon</u>, but you don't eat food with it. You <u>serve</u> soup with this.

남자: 이것은 주방 도구이다. 그것은 긴 손잡이를 가지고 있다. 그것은 큰 숟가락처럼 보이지만, 그것을 가지고 음식을 먹진 않는다. 당신은 이것을 가지고 수프를 차려 낸다.

14 ③ 함께 영화 동아리 모임에 가기 위해 만날 약속을 정하고 있다.
- club 동아리
- meeting 모임
- library 도서관
- then 그때

G: Jake, we have a movie club <u>meeting</u> this afternoon.
B: Oh, I didn't know that. What <u>time</u>?
G: It starts at 4:00 p.m. Can we meet at 3:30?
B: Sure. Where do you want to meet?
G: In front of the <u>school</u> library.
B: All right. See you then.

소녀: Jake, 우리 오늘 오후에 영화 동아리 모임이 있어.
소년: 오, 나는 그걸 몰랐어. 몇 시야?
소녀: 오후 4시에 시작해. 우리 3시 30분에 만날까?
소년: 물론이지. 어디서 만나길 원하니?
소녀: 학교 도서관 앞에서.
소년: 좋아. 그때 보자.

15 ① 그림에서 남자아이는 노래를 부르고 있으므로 sing a song(노래를 부르다)을 활용하여 표현한다.
- talk on the phone 전화 통화하다
- stage 무대

① W: The boy is <u>singing</u> a song.
② W: The boy is <u>talking</u> on the phone.
③ W: The boy is dancing on a <u>stage</u>.
④ W: The boy is playing a computer game.

① 여자: 남자아이는 노래를 부르고 있다.
② 여자: 남자아이는 전화 통화를 하고 있다.
③ 여자: 남자아이는 무대 위에서 춤을 추고 있다.
④ 여자: 남자아이는 컴퓨터 게임을 하고 있다.

16 ① 여자아이는 초콜릿 소

M: How can I help you?

남자: 무엇을 도와드릴까요?

정답	JUMP UP 받아쓰기(스크립트)	해석

스가 올라간 딸기 아이스크림을 주문했고, 그것의 가격은 4달러이다.
- strawberry 딸기
- topping (음식 위에 얹는) 고명, 토핑
- sauce 소스

G: Hi. I want to have strawberry ice cream.
M: Would you like any toppings?
G: Yes, I'd like chocolate sauce, please.
M: Will that be all?
G: Yes. How much is it?
M: It's $4.

소녀: 안녕하세요. 저는 딸기 아이스크림을 먹고 싶어요.
남자: 토핑을 원하세요?
소녀: 네, 저는 초콜릿 소스로 해 주세요.
남자: 그게 다일까요?
소녀: 네. 얼마인가요?
남자: 4달러예요.

---

17 ② 오늘 학교 점심 메뉴는 샐러드와 카레라이스이다.
- lunchtime 점심시간
- soon 곧
- curry 카레

G: It's lunchtime soon!
B: What's on the menu for school lunch today?
G: Let me see... It's curry and rice with salad.
B: Is there chicken, too?
G: No, chicken is tomorrow.

소녀: 곧 점심시간이야!
소년: 우리 오늘 학교 점심 메뉴가 뭐니?
소녀: 내가 볼게… 샐러드와 카레라이스야.
소년: 치킨도 있니?
소녀: 아니, 치킨은 내일이야.

---

18 ① 여자아이가 표를 가지고 있는지 묻고 있으므로, 가방 안에 표를 넣었다고 응답하는 것이 알맞다.
- excited 신이 난
- musical 뮤지컬
- by the way 그런데, 그건 그렇고
- ticket 표

B: Jenny, are you ready to go?
G: Yes. I'm so excited to see the musical.
B: Me, too. It's my favorite musical.
G: Oh, by the way, do you have the tickets?
B: _____

소년: Jenny, 갈 준비되었니?
소녀: 응. 나는 그 뮤지컬 보게 되어 매우 신이 나.
소년: 나도 그래. 그건 내가 가장 좋아하는 뮤지컬이야.
소녀: 오, 그런데, 너는 표를 가지고 있니?
소년: _____

① 응. 나는 그걸 내 가방 안에 넣었어.
② 응. 나는 어제 그걸 팔았어.
③ 내가 가장 좋아하는 뮤지컬은 'Cats'야.
④ 우리는 저기에서 기차표를 살 수 있어.

---

19 ④ 김밥을 함께 만드는 데 무엇을 하면 되는지 묻고 있으므로, 김밥 만드는 데 필요한 내용이 응답으로 알맞다.
- picnic 소풍
- together 함께

B: Mom, what are you doing?
W: I'm making gimbap for our picnic.
B: I love gimbap.
W: I know. How about making it together?
B: Sure. What can I do?
W: _____

소년: 엄마, 뭐 하고 계세요?
여자: 나는 우리 소풍을 위해 김밥을 만들고 있어.
소년: 저는 김밥을 정말 좋아해요.
여자: 알고 있단다. 우리 이걸 함께 만드는 게 어떠니?
소년: 좋아요. 제가 무엇을 하면 될까요?
여자: _____

① 그곳에서 두 시에 만나자.
② 너는 김밥을 좀 사 줄 수 있니?
③ 소풍을 가는 게 어떠니?
④ 밥 위에 야채들을 좀 올려 주겠니?

---

20 ② 무엇을 사고 싶은지 묻고 있으므로, 사고 싶은 물건에 대해 응답하는 것이 알맞다.
- wait for ~을 기다리다
- shopping mall 쇼핑몰

G: Hey, Jack! Are you waiting for a bus?
B: Yes. I'm waiting for a bus to go to the shopping mall.
G: Really? I am going there, too. Let's go together.
B: Sure. What do you want to buy?
G: _____

소녀: 이봐, Jack! 너는 버스를 기다리는 중이니?
소년: 응. 나는 쇼핑몰에 가기 위해 버스를 기다리고 있어.
소녀: 정말이니? 나도 거기에 가는 중이야. 함께 가자.
소년: 물론이지. 너는 무엇을 사고 싶니?
소녀: _____

① 나는 새 신발을 사야 해.
② 나는 그걸 20달러에 샀어.
③ 나는 새 옷이 좀 필요해.
④ 나는 내 여동생[언니]을 위한 선물을 사고 싶어.

01 ①   **02** ④   **03** ③   **04** ⑤   **05** ④

정답	스크립트	해석

01 ① 남자아이는 숙제에 필요한 책을 주려고 미나를 찾고 있다.
· come back 돌아오다
· need 필요하다
· science 과학

B: Good afternoon. Is Mina home?
W: No. She didn't come back from school yet.
B: Then can you give this book to her?
W: Sure. What is it for?
B: She needs the book for her science homework.

소년: 안녕하세요. 미나 집에 있나요?
여자: 아니. 그녀는 아직 학교에서 돌아오지 않았어.
소년: 그럼 이 책을 그녀에게 주실 수 있나요?
여자: 물론이지. 어디에 쓰는 거니?
소년: 그녀의 과학 숙제를 위해 그녀는 이 책이 필요해요.

02 ④ 두 사람은 병원에 있는 Jane을 함께 보러 가기로 했다.
· hospital 병원
· happen 일어나다
· fell fall(넘어지다)의 과거형
· arm 팔

G: James, where are you going?
B: I'm going to the hospital to see Jane.
G: The hospital? What happened to Jane?
B: Oh, didn't you know? She fell and broke her arm.
G: I'm sorry to hear that. Can I join you?
B: Sure. Let's go to see her together.

소녀: James, 어디에 가니?
소년: 나는 Jane을 보기 위해 병원에 가고 있어.
소녀: 병원에? Jane에게 무슨 일이 있었니?
소년: 오, 너는 몰랐니? 그녀는 넘어져서 팔이 부러졌어.
소녀: 그 말을 들으니 유감이구나. 내가 함께 가도 되니?
소년: 물론이지. 그녀를 보러 함께 가자.

03 ③ 남자아이가 모임에 못 나온 이유는 독감에 걸린 여동생을 돌봐야만 했기 때문이다.
· take care of ~을 돌보다
· flu 독감
· get better 좋아지다

G: Jinsu, why didn't you come to the group meeting?
B: I'm sorry. I couldn't go.
G: What happened?
B: I had to take care of my little sister. She had the flu.
G: Oh, is she okay now?
B: She is getting better. Thanks.

소녀: 진수야, 너 모둠 모임에 왜 안 왔니?
소년: 미안해. 나는 갈 수가 없었어.
소녀: 무슨 일 있었니?
소년: 나는 내 여동생을 돌봐야만 했어. 그녀가 독감에 걸렸거든.
소녀: 오, 그녀는 이제 괜찮니?
소년: 그녀는 좋아지고 있어. 고마워.

04 ⑤ 가방의 생김새를 묻는 질문에 사람의 생김새에 대한 응답은 적절하지 않다.
· uncle 삼촌
· Korean 한국의, 한국인
· post office 우체국
· wear 입다

① W: Who is that man?
　 M: He is my uncle.
② W: Can I help you?
　 M: Yes, please. I'm looking for pants.
③ W: Do you know about *hanbok*?
　 M: Sure. It's a Korean dress.
④ W: How can I get to the post office?
　 M: Go straight two blocks and then turn left.
⑤ W: What does your bag look like?
　 M: He is tall and is wearing a blue T-shirt.

① 여자: 저 남자는 누구인가요?
　 남자: 그는 저의 삼촌이에요.
② 여자: 도와드릴까요?
　 남자: 네. 저는 바지를 찾고 있어요.
③ 여자: 당신은 한복에 대해 아나요?
　 남자: 물론이죠. 그건 한국의 옷이에요.
④ 여자: 우체국에 어떻게 가나요?
　 남자: 두 블록을 곧장 가서 왼쪽으로 도세요.
⑤ 여자: 당신의 가방은 어떻게 생겼나요?
　 남자: 그는 키가 크고 파란색 티셔츠를 입고 있어요.

05 ④ 역무원에게 표를 보여주는 상황이다.
· weekend 주말
· go fishing 낚시하러 가다
· onion 양파

① M: Do you like animals?
　 W: Yes, I do. I love animals.
② M: How was your weekend?
　 W: It was very good. I went fishing.
③ M: How much is this onion?

① 남자: 동물을 좋아하나요?
　 여자: 네, 그래요. 저는 동물을 사랑해요.
② 남자: 주말은 어땠나요?
　 여자: 매우 좋았어요. 저는 낚시하러 갔어요.
③ 남자: 이 양파는 얼마인가요?

W: It's 50 cents.
④ M: Can I see your ticket, please?
   W: Yes. Here you go.
⑤ M: Excuse me. How can I get to the bakery?
   W: Go straight two blocks. It's next to the park.

여자: 50센트입니다.
④ 남자: 표를 좀 보여 주실래요?
   여자: 네. 여기 있어요.
⑤ 남자: 실례합니다. 빵집에 어떻게 가나요?
   여자: 두 블록 곧장 가세요. 그곳은 공원 옆에 있어요.

FLY UP

본문 20~21쪽

01 I draw flowers. / 나는 꽃을 그려.

02 Don't use your cell phone in the crosswalk. / 횡단보도에서 휴대 전화를 사용하지 마.

03 Where do you want to meet? / 너는 어디에서 만나길 원하니?

04 How much is it? / 그것은 얼마입니까?

05 What are you doing? / 너는 무엇을 하고 있니?

06 How about meeting at five? / 5시에 만나는 게 어떠니?

07 What do you think about the painting? / 너는 그 그림에 대해 어떻게 생각하니?

08 We played board games. / 우리는 보드게임을 했다.

09 It looks like a big spoon. / 그것은 큰 숟가락처럼 보인다.

10 Do you have a smaller T-shirt? / 더 작은 티셔츠 있나요?

SPEAK UP

본문 22쪽

01 We played soccer.

02 How about meeting at five?

03 Do you have bigger pants?

04 Don't use your cell phone in the crosswalk.

05 Where do you want to meet?

06 How much is it?

07 What are you doing?

Listen & Speak Up 2

A
01 surprising, 놀라운 02 closet, 옷장 03 flea market, 벼룩시장 04 bill, 지폐
05 purse, 지갑 06 sunlight, 햇빛 07 talent, 재능, 장기 08 message, 메시지
09 in one's own way, 자기 나름대로 10 gardening, 정원 가꾸기

B
01 flea market 02 bill 03 talent 04 own way 05 gardening
06 surprising 07 closet 08 purse 09 sunlight 10 message

LISTEN UP JUMP UP

🎵 LISTEN UP 듣기평가 모의고사 2

| 01 ④ | 02 ② | 03 ④ | 04 ③ | 05 ① | 06 ① | 07 ③ | 08 ④ | 09 ② | 10 ④ |
| 11 ④ | 12 ③ | 13 ④ | 14 ③ | 15 ④ | 16 ① | 17 ④ | 18 ④ | 19 ③ | 20 ② |

정답	JUMP UP 받아쓰기(스크립트)	해석
01 ④ 그림에서 두 사람은 영화관에 있고, 남자아이가 영화 포스터를 가리키고 있다. • singer 가수 • action movie 액션 영화	① G: What do you want to be? 　B: I want to be a <u>singer</u>. ② G: What's your favorite movie? 　B: I don't like movies. ③ G: Do you like bananas? 　B: Not really. I like <u>apples</u>. ④ G: What movie do you want to watch? 　B: I want to see the <u>action</u> movie *Superman*.	① 소녀: 너는 무엇이 되고 싶니? 　소년: 나는 가수가 되고 싶어. ② 소녀: 네가 가장 좋아하는 영화는 뭐니? 　소년: 나는 영화를 좋아하지 않아. ③ 소녀: 너는 바나나를 좋아하니? 　소년: 별로. 나는 사과를 좋아해. ④ 소녀: 너는 어떤 영화를 보고 싶니? 　소년: 나는 액션 영화 'Superman'을 보고 싶어.
02 ② 허락을 구할 때는 can이나 may를 사용하여 나타낸다. • French 프랑스어, 프랑스의 • post office 우체국 • straight 곧장, 쭉 • block 구역, 블록	① W: How are you today? 　M: Great. Thanks. ② W: Can I open the <u>window</u>? 　M: Sure. Go ahead. ③ W: Can you <u>speak</u> French? 　M: Yes. I learned it at school. ④ W: Excuse me. Where is the post office? 　M: Go <u>straight</u> two blocks and then turn right.	① 여자: 오늘 기분이 어떠세요? 　남자: 좋아요. 고마워요. ② 여자: 창문을 열어도 될까요? 　남자: 물론이지요. 그러세요. ③ 여자: 당신은 프랑스어를 말할 수 있나요? 　남자: 네. 저는 그것을 학교에서 배웠어요. ④ 여자: 실례합니다. 우체국이 어디에 있나요? 　남자: 두 블록 곧장 가서 오른쪽으로 도세요.
03 ④ 불국사 안내를 하고 있는 것으로 보아 여자의 직업은 여행 가이드이고 남자는 관광객이다. • travel 여행, 여행하다 • about 약, 대략	W: Welcome to Bulguksa! I'm Sohee from Good Travel. M: It's <u>wonderful</u>. W: Bulguksa is about one <u>thousand</u> three hundred years old. M: That's surprising.	여자: 불국사에 오신 것을 환영합니다! 저는 Good 여행사의 소희입니다. 남자: 멋지네요. 여자: 불국사는 대략 천삼백 년 되었어요. 남자: 그거 놀랍군요. 여자: 제가 그것의 역사를 이야기해 드릴게요. 이쪽으

정답	JUMP UP 받아쓰기(스크립트)	해석

- surprising 놀라운
- history 역사

W: I'll tell you its <u>history</u>. Please come this way.

로 와 주세요.

---

04 ③ 두 사람은 꽃병에 꽂힌 노란색 꽃들이 있는 그림에 관해 이야기하고 있다.
- painting 그림
- beautiful 아름다운
- vase 꽃병
- warm 따뜻한, 따스한

G: What do you think of this <u>painting</u>?
B: It's beautiful. I like those yellow flowers.
G: Yes, they look wonderful in the <u>vase</u>.
B: The painting looks <u>warm</u>.

소녀: 너는 이 그림에 대해 어떻게 생각하니?
소년: 아름다워. 나는 저 노란색 꽃들이 마음에 들어.
소녀: 맞아, 그것들은 꽃병에 있어 멋지게 보여.
소년: 그림이 따스해 보이네.

---

05 ① 지난 휴가가 어땠는지 묻는 물음에 휴가가 매우 좋았다는 응답이 적절하다.
- holiday 휴가
- sunny 화창한
- miss 그리워하다

W: How was your <u>holiday</u>?
M: _____

① M: It was great.
② M: It will be <u>sunny</u>.
③ M: I <u>miss</u> her a lot.
④ M: I have a long holiday.

여자: 너의 휴가는 어땠니?
남자: _____

① 남자: 매우 좋았어.
② 남자: 날씨가 화창할 거야.
③ 남자: 나는 그녀가 많이 그리워.
④ 남자: 나는 긴 휴가를 가지고 있어.

---

06 ① 남자아이가 들고 있는 기타를 보고 있으므로, 기타가 멋지다고 감탄하는 말이 오는 게 적절하다.
- hour 시간

① G: What a <u>nice</u> guitar!
② G: How much is the <u>violin</u>?
③ G: Can you play the piano?
④ G: How many <u>hours</u> a day do you watch TV?

① 소녀: 정말 멋진 기타네!
② 소녀: 그 바이올린은 얼마니?
③ 소녀: 너는 피아노를 칠 수 있니?
④ 소녀: 너는 하루에 몇 시간 TV를 보니?

---

07 ③ 두 사람 다 방과 후에 무엇을 할지 이야기하고 있다.
- after school 방과 후
- basketball 농구
- practice 연습하다
- play 연극

G: What are you going to do <u>after</u> school?
B: I'm going to play <u>basketball</u>. How about you?
G: I will <u>practice</u> for the school play with my friends.
B: Sounds good.

소녀: 너는 방과 후에 무엇을 할 예정이니?
소년: 나는 농구를 할 예정이야. 너는 어때?
소녀: 나는 친구들과 함께 학교 연극 연습을 할 거야.
소년: 그거 좋구나.

---

08 ④ 마지막에 여자가 남자아이에게 작은 옷들을 벼룩시장에서 팔자고 제안하고 있다.
- jacket 재킷
- closet 옷장
- flea market 벼룩시장

B: Mom, all my jackets are <u>small</u>.
W: Really? You need a new jacket.
B: But my <u>closet</u> is full of clothes.
W: How about selling your small clothes at the <u>flea</u> market?
B: That's a great idea.

소년: 엄마, 제 모든 재킷들이 작아요.
여자: 정말이니? 너는 새 재킷이 필요하구나.
소년: 그런데 제 옷장은 옷들로 가득 찼어요.
여자: 벼룩시장에서 너의 작은 옷들을 파는 것은 어떠니?
소년: 좋은 생각이에요.

---

09 ② 표를 보면 9시에 채널 7번에서는 뉴스를 한다고 나와 있다.
- channel 채널
- comedy 코미디
- right now 지금

M: What's on <u>channel</u> 7 at 9:00?
W: _____

① W: I like comedy <u>shows</u>.
② W: The news is on channel 7.
③ W: I have to watch the soccer game.
④ W: There's a <u>basketball</u> game on right now.

남자: 9시에 7번 채널에서 뭐 해요?
여자: _____

① 여자: 저는 코미디 쇼를 좋아해요.
② 여자: 7번 채널에서 뉴스를 해요.
③ 여자: 나는 축구 경기를 봐야 해요.
④ 여자: 지금 농구 경기가 나오고 있네요.

정답	JUMP UP 받아쓰기(스크립트)	해석

10 ④ 여자아이가 찾는 서점은 Star 커피숍 옆에 있다.
- bookstore 서점
- corner 모퉁이
- next to ~ 옆에

G: Is there a <u>bookstore</u> around here?
M: Yes. Go straight and then turn right at the corner.
G: Turn <u>right</u> at the corner. And then?
M: It's <u>next</u> to the Star Coffee Shop.
G: Okay. Thank you.

소녀: 여기 근처에 서점이 있나요?
남자: 네. 곧장 쭉 가서 모퉁이에서 오른쪽으로 돌아요.
소녀: 모퉁이에서 오른쪽으로 돌아요. 그러고 나서는요?
남자: 그건 Star 커피숍 옆에 있어요.
소녀: 알겠습니다. 감사합니다.

11 ④ 첫 번째 영화는 시간이 너무 이르므로 11시에 시작하는 두 번째 영화를 보기로 했다.
- first 첫 번째
- start 시작하다
- early 이른
- second 두 번째

G: Let's go and see the new *Spiderman* movie.
B: The <u>first</u> movie starts at 9:30.
G: That's too <u>early</u>. How about the next one?
B: The <u>second</u> movie starts at 11:00.
G: Good. Let's see that one.

소녀: 새로 나온 'Spiderman' 영화를 보러 가자.
소녀: 첫 번째 영화는 9시 30분에 시작해.
소녀: 그건 너무 이르다. 그 다음 거는 어때?
소녀: 두 번째 영화는 11시에 시작해.
소녀: 좋아. 그걸 보자.

12 ③ 여자아이는 여동생을 데리러 가야 해서 공원에 자전거를 타러 갈 수 없다고 했다.
- beautiful 아름다운
- ride 타다
- pick up ~을 데리러 가다

G: What a <u>beautiful</u> day!
B: Yes, it is. Let's ride our bikes in the <u>park</u>.
G: Sorry, I can't. I need to <u>pick</u> up my little sister.
B: Okay. Then maybe next time.

소녀: 정말 아름다운 날씨야!
소년: 정말 그렇구나. 우리 공원에서 자전거 타자.
소녀: 미안하지만, 나는 그럴 수 없어. 나는 내 여동생을 데리러 가야 해.
소년: 알겠어. 그럼 다음번에 같이 가자.

13 ④ 카드의 일종이고 동전이나 지폐 대신 돈처럼 쓰는 것은 신용카드이다.
- a type of 일종의 ~
- carry 들고 다니다
- coin 동전
- bill 지폐

W: I am a type of card. People don't need to <u>carry</u> heavy <u>coins</u> or bills. They just carry me in their purses and use me like <u>money</u>. What am I?

여자: 나는 카드의 일종이다. 사람들은 무거운 동전이나 지폐를 들고 다닐 필요가 없다. 그들은 그냥 나를 그들의 지갑에 가지고 다니며 돈처럼 쓴다. 나는 무엇일까?

14 ③ 여자아이는 남자아이에게 재미있게 읽은 책을 권유하고 있다.
- three times 세 번
- interesting 흥미로운
- must ~해야 하다

B: What are you reading?
G: I'm reading *The Big Change*. I <u>read</u> it three times.
B: I didn't read it. Is it <u>interesting</u>?
G: Yes. It's my favorite book. You <u>must</u> read it.

소년: 너는 무엇을 읽고 있니?
소녀: 나는 'The Big Change'를 읽고 있어. 나는 이걸 세 번 읽었어.
소년: 나는 그걸 안 읽었어. 그것은 재미있니?
소녀: 응. 이건 내가 가장 좋아하는 책이야. 너는 이걸 읽어야 해.

15 ④ 그림 속의 남자와 여자는 손을 잡고 있다.
- hold (손을) 잡다. (손으로) 쥐다
- umbrella 우산
- wear 입고 있다

① M: The man is holding an <u>umbrella</u>.
② M: There are three <u>people</u> in the picture.
③ M: The woman is wearing a black <u>dress</u>.
④ M: The man and the woman are holding hands.

① 남자: 남자는 우산을 들고 있다.
② 남자: 그림에 세 사람이 있다.
③ 남자: 여자는 검정색 드레스를 입고 있다.
④ 남자: 남자와 여자는 손을 잡고 있다.

16 ① 남자아이는 동아리 모임에 가는 중인데 곧 비가 올 것

G: Danny, where are you going?
B: I'm going to my taekwondo club

소녀: Danny, 너 어디 가는 중이니?
소년: 나는 태권도 동아리 모임에 가는 중이야.

정답	JUMP UP 받아쓰기(스크립트)	해석

같으므로 자전거 대신 버스를 탈 거라고 했다.
- club 동아리
- meeting 모임
- take (탈 것을) 타다

meeting.
G: Oh, it will rain soon.
B: You're right. So I won't ride my bike today.
G: Then are you going to walk there?
B: No, I will take the bus.

소녀: 오, 금방 비가 올 거야.
소년: 네 말이 맞아. 그래서 나는 오늘 자전거를 안 탈 거야.
소녀: 그럼 너는 그곳에 걸어갈 거니?
소년: 아니, 나는 버스를 탈 거야.

17 ④ 남자아이가 과학 캠프에서 한 일은 햇빛으로 라면을 요리한 것과 밤에 별을 관찰한 것이다.
- camp 캠프
- sunlight 햇빛
- watch 보다, 관찰하다

G: Junha, how was science camp?
B: It was really fun.
G: What did you do there?
B: We cooked *ramyeon* with sunlight.
G: Anything else?
B: We watched the stars at night.

소녀: 준하야, 과학 캠프 어땠니?
소년: 매우 재미있었어.
소녀: 그곳에서 무엇을 했니?
소년: 우리는 햇빛으로 라면을 요리했어.
소녀: 또 다른 것은?
소년: 우리는 밤에 별을 관찰했어.

18 ④ 어디에서 춤을 배웠는지 묻고 있으므로, 작년에 춤 동아리에 가입했다고 응답하는 것이 알맞다.
- talent 재능, 장기
- be good at ~을 잘하다
- learn 배우다

B: Mina, I saw you at the school talent show.
G: Really?
B: Yeah, you're really good at dancing.
G: Thank you.
B: Where did you learn?
G: _____

소년: 미나야, 나는 너를 학교 장기 자랑에서 봤어.
소녀: 정말이니?
소년: 응, 너 정말 춤을 잘 추더라.
소녀: 고마워.
소년: 어디에서 배웠니?
소녀: _____

① 나는 춤추는 것을 좋아하지 않아.
② 너는 춤추는 것을 좋아하니?
③ 나는 작년에 중국어를 배웠어.
④ 나는 작년에 춤 동아리에 가입했어.

19 ③ 주소를 다시 한번 말해 달라고 했다.
- give a ride 태워 주다
- heavy 무거운
- address 주소

G: Dad, can you give me a ride to Suji's?
M: Yes. Your bag looks heavy.
G: I'm going there for my group project.
M: Do you know the address?
G: Wait. It's Jungangro 30-gil, 15.
M: Can you say that again?
G: _____

소녀: 아빠, 저 수지네 집까지 태워 주실 수 있나요?
남자: 그럼. 네 가방이 무거워 보인다.
소녀: 저는 거기에 모둠 프로젝트를 하러 가요.
남자: 너는 주소를 아니?
소녀: 잠시만요. 중앙로 30길, 15예요.
남자: 다시 한번 말해 주겠니?
소녀: _____

① 저를 태워 주실 수 있나요?
② 저는 주소를 몰라요.
③ 중앙로 30길, 15예요.
④ 저는 거기에 모둠 프로젝트를 하러 가요.

20 ② 약을 먹기를 권하고 있으므로, 햄버거를 안 좋아한다고 응답하는 것은 알맞지 않다.
- look good 좋아 보이다
- ate eat(먹다)의 과거형
- a lot of 많은
- medicine 약

W: Jason, you don't look good. Are you okay?
B: I ate too much at lunch.
W: What did you have?
B: I had a hamburger and a lot of fries.
W: How about taking some medicine?
B: _____

여자: Jason, 너 안 좋아 보인다. 괜찮니?
소년: 점심 때 너무 많이 먹었어요.
여자: 너는 무엇을 먹었니?
소년: 햄버거 하나랑 감자튀김을 많이 먹었어요.
여자: 약을 좀 먹는 게 어떠니?
소년: _____

① 네. 그럴게요.
② 저는 햄버거를 안 좋아해요.
③ 지금 약을 먹을게요. 감사해요.
④ 그렇게 나쁘진 않아요. 저는 그냥 쉴게요.

정답	스크립트	해석

01 ⑤ 남자아이는 모둠 숙제에 관해 질문이 있어 Jake를 찾고 있다.
- question 질문
- message 메시지
- just now 지금 방금

B: Sumi, I'm looking for Jake. Did you see him?
G: He's at the school library.
B: Really? I have some questions about our group homework.
G: Oh, he sent a message from the library just now.
B: Okay. I'll go there. Thank you.

소년: 수미야, 나는 Jake를 찾고 있어. 너는 그를 보았니?
소녀: 그는 학교 도서관에 있어.
소년: 정말이야? 나는 우리의 모둠 숙제에 관해 질문이 좀 있어.
소녀: 오, 그는 지금 방금 도서관에서 메시지를 보냈어.
소년: 알겠어. 그곳에 가 볼게. 고마워.

02 ① 축구 경기에서 높은 공을 잘 못 잡아서 걱정인 여자아이를 위해 남자아이가 방과 후에 함께 연습하자고 했다.
- worried 걱정하는
- match 경기, 시합
- catch 잡다
- practice 연습하다
- kick 차다

G: I'm worried about our next soccer match.
B: Why are you worried?
G: I can't catch high balls well.
B: Do you have time after school?
G: Yes. Why?
B: Let's practice together. I'll kick high balls to you.
G: Oh, thank you so much.
B: Don't worry. You'll get better.

소녀: 나는 우리의 다음 축구 경기가 걱정돼.
소년: 왜 걱정이 되니?
소녀: 나는 높은 공을 잘 못 잡겠어.
소년: 너는 방과 후에 시간이 있니?
소녀: 응. 왜?
소년: 함께 연습하자. 내가 너에게 높은 공을 차 줄게.
소녀: 오, 정말 고마워.
소년: 걱정하지 마. 너는 더 나아질 거야.

03 ⑤ 남자아이는 이미 정원 가꾸기 동아리에 가입을 해서 미술 동아리 가입 제안을 거절했다.
- join 가입하다
- famous 유명한
- artwork 예술[미술] 작품
- in one's own way 자기 나름의 방식으로
- choose 선택하다, 정하다
- gardening 정원 가꾸기

G: Jinny and I joined the art club.
B: Really? What does the art club do?
G: We look at famous artworks and draw them in our own way.
B: Sounds interesting.
G: Did you choose a club? How about the art club?
B: Oh, I'm sorry, but I already joined the gardening club.

소녀: Jinny와 나는 미술 동아리에 가입했어.
소년: 정말이야? 미술 동아리는 무엇을 하니?
소녀: 우리는 유명한 미술 작품을 보고 그것을 우리 나름의 방식으로 그려.
소년: 재미있겠다.
소녀: 너는 동아리를 정했니? 미술 동아리 어떠니?
소년: 오, 미안하지만 나는 이미 정원 가꾸기 동아리에 가입했어.

04 ① 날씨가 어떤지 묻는 질문에 쉽다는 응답은 적절하지 않다.
- easy 쉬운
- full 가득한, 배부르게 먹은
- restroom 화장실
- end 끝
- hallway 복도

① G: How's the weather?
   B: It was easy.
② G: Can I open the window?
   B: Yes. Go ahead.
③ G: What is your favorite subject?
   B: I like science.
④ G: Do you want some more ice cream?
   B: No, thanks. I'm full.
⑤ G: Can I go to the restroom now?
   B: Yes. It's at the end of the hallway.

① 소녀: 날씨가 어떠니?
   소년: 쉬웠어.
② 소녀: 창문을 열어도 되니?
   소년: 응. 그렇게 해.
③ 소녀: 네가 가장 좋아하는 과목은 뭐니?
   소년: 나는 과학을 좋아해.
④ 소녀: 너는 아이스크림을 좀 더 원하니?
   소년: 아니, 괜찮아. 나는 배가 불러.
⑤ 소녀: 지금 화장실에 가도 되니?
   소년: 응. 그건 복도 끝에 있어.

정답	스크립트	해석
05 ③ 딸들은 입장권이 각 20달러이고 어른은 무료이므로 내야 할 총금액은 40달러이다. • daughter 딸 • adult 성인, 어른 • get in 입장하다 • for free 무료로	W: Hi. Welcome to Sea Land Park. M: I want two tickets for my daughters. W: They are 20 dollars each. M: How about me? W: Adults get in for free. So that will be 40 dollars. M: Okay. Here you are.	여자: 안녕하세요. Sea Land 공원에 오신 걸 환영합니다. 남자: 저희 딸들을 위한 입장권 2장을 원합니다. 여자: 그건 각각 20달러입니다. 남자: 저는요? 여자: 성인은 무료입장입니다. 그래서 모두 40달러입니다. 남자: 알겠습니다. 여기 있습니다.

 **FLY UP**

본문 34~35쪽

01 I want to be a singer. / 나는 가수가 되고 싶어.

02 How are you today? / 오늘 기분이 어떠세요?

03 Where are you going? / 너는 어디 가는 중이니?

04 You're really good at dancing. / 너는 정말 춤을 잘 춘다.

05 Do you know the address? / 너는 주소를 아니?

06 I like those yellow flowers. / 나는 저 노란색 꽃들이 마음에 들어.

07 What a nice guitar! / 정말 멋진 기타다!

08 I'm going to play basketball. / 나는 농구를 할 예정이야.

09 You need a new jacket. / 너는 새 재킷이 필요하다.

10 Is there a bookstore around here? / 여기 근처에 서점이 있나요?

SPEAK UP

본문 36쪽

01 What a beautiful day!

02 I want to be a dancer.

03 Where are you going?

04 Do you know the address?

05 I'm going to play basketball.

06 Is there a bookstore around here?

07 You are really good at dancing.

Listen & Speak Up 3

 **WARM UP**

A **01** button, 버튼, 단추 **02** floor map, 층별 지도 **03** gym, 체육관 **04** made of, ~로 만든
 05 special, 특별한 **06** terrible, 심한 **07** still, 여전히, 아직도 **08** change, 바꾸다
 09 waterski, 수상 스키를 타다 **10** in mind, 마음에 둔, 염두에 둔

B **01** gym **02** made of **03** special **04** terrible **05** change **06** button
 07 floor map **08** still **09** waterski **10** in mind

LISTEN UP | JUMP UP

♫ LISTEN UP   듣기평가 모의고사 3

| 01 ④ | 02 ④ | 03 ① | 04 ② | 05 ① | 06 ④ | 07 ③ | 08 ④ | 09 ② | 10 ③ |
| 11 ③ | 12 ① | 13 ④ | 14 ① | 15 ② | 16 ③ | 17 ② | 18 ④ | 19 ④ | 20 ③ |

정답	JUMP UP 받아쓰기(스크립트)	해석
01 ④ 그림에서 여자아이가 남자아이의 가위를 빌리고 있다. · borrow 빌리다 · scissors 가위	① G: How are you today? 　B: I'm fine. ② G: Can I join you? 　B: Sure. You can. ③ G: May I use your phone? 　B: Sorry. You can't. ④ G: Can I borrow your scissors? 　B: Sure. Here you are.	① 소녀: 오늘 어떠니? 　소년: 좋아. ② 소녀: 나도 함께해도 되니? 　소년: 물론이지. 해도 돼. ③ 소녀: 너의 전화를 써도 될까? 　소년: 미안해. 그럴 수 없어. ④ 소녀: 네 가위 좀 빌려도 될까? 　소년: 물론이지. 여기 있어.
02 ④ 감사를 표현할 때는 Thank you.(감사합니다.)나 Thank you so much.(정말 감사합니다.) 등으로 나타낸다. · look for ~을 찾다 · skirt 치마	① M: I'll see you tomorrow. 　G: See you. ② M: Don't run in the library. 　G: I'm sorry. ③ M: May I help you? 　G: Yes, I'm looking for a skirt. ④ M: Is this your bag? 　G: Oh, I was looking for that. Thank you so much.	① 남자: 내일 만나자. 　소녀: 안녕히 가세요. ② 남자: 도서관에서는 뛰지 마세요. 　소녀: 죄송해요. ③ 남자: 도와드릴까요? 　소녀: 네, 저는 치마를 찾고 있어요. ④ 남자: 이거 네 가방이니? 　소녀: 오, 저는 그것을 찾고 있었어요. 정말 감사합니다.
03 ① 남자는 치즈케이크를 주문하고 있고 여자는 그 주문을 받고 있으므로 두 사람의 관계는 손님과 점원이다. · which 어떤 · cheesecake 치즈케이크 · need 필요하다	M: Excuse me. Can I order a cake? W: Sure. Which cake do you want? M: How much is the small cheesecake? W: That's 25 dollars. When do you need it? M: I need it for this Saturday. W: Okay. Write your name and phone number here, please.	남자: 실례합니다. 케이크 주문해도 되나요? 여자: 물론이죠. 어떤 케이크를 원하시나요? 남자: 작은 치즈케이크는 얼마인가요? 여자: 25달러입니다. 언제 그게 필요하세요? 남자: 저는 이번 주 토요일에 그게 필요해요. 여자: 알겠습니다. 여기에 당신의 이름과 전화번호를 써 주세요.

정답	JUMP UP 받아쓰기(스크립트)	해석

04 ② 여자아이가 테니스 라켓이 없다고 하자 남자아이가 자신의 것을 2개 가져간다고 했다.
- forget 잊다
- bring 가져오다

G: Jake, when do we meet tomorrow?
B: At two. Don't forget to bring your tennis racket.
G: Oh, I don't have a tennis racket.
B: Don't worry. I have two rackets. I'll bring them.
G: Thanks.

소녀: Jake, 우리 내일 언제 만나니?
소년: 2시에. 테니스 라켓 가져오는 것을 잊지 마.
소녀: 오, 나는 테니스 라켓이 없어.
소년: 걱정하지 마. 나에게 라켓 2개가 있어. 내가 그것들을 가져갈게.
소녀: 고마워.

---

05 ① 몇 시에 일어나는지 물었으므로, 기상 시간을 응답하는 게 알맞다.
- get up 일어나다
- breakfast 아침 식사
- go to bed 잠자리에 들다

W: What time do you get up?
M: _____
① M: I usually get up at seven thirty.
② M: I usually eat breakfast at eight.
③ M: I usually come home at three.
④ M: I usually go to bed at ten.

여자: 너는 몇 시에 일어나니?
남자: _____
① 남자: 나는 대개 7시 30분에 일어나.
② 남자: 나는 대개 8시에 아침을 먹어.
③ 남자: 나는 대개 3시에 집으로 와.
④ 남자: 나는 대개 10시에 자.

---

06 ④ 의자를 제자리에 넣지 않고 떠나려 하고 있으므로, ④가 알맞다.
- button 버튼
- push in 안으로 밀어 넣다

① W: Cut the paper.
② W: Push the button.
③ W: Don't sit down.
④ W: Push in your chair.

① 여자: 종이를 잘라라.
② 여자: 버튼을 눌러라.
③ 여자: 앉지 마라.
④ 여자: 네 의자를 안으로 밀어 넣어라.

---

07 ③ 두 사람은 지난 토요일에 한 일에 관해 이야기하고 있다.
- caught catch(잡다)의 과거형

B: What did you do last Saturday?
G: I made cookies with my sister. How about you?
B: I went camping. I caught a lot of fish.
G: That sounds fun.

소년: 너는 지난 토요일에 무엇을 했니?
소녀: 나는 내 여동생[언니]과 함께 쿠키를 만들었어. 너는?
소년: 나는 캠핑을 갔어. 나는 물고기를 많이 잡았어.
소녀: 재미있었겠다.

---

08 ④ 팔을 다친 여자아이가 남자아이에게 가방에서 휴대 전화를 꺼내 달라고 부탁했다.
- fell fall(넘어지다)의 과거형
- stair (하나의) 계단
- take ~ out of … …에서 ~을 꺼내다

B: What happened to your arm, Susie?
G: I fell down the stairs yesterday.
B: That's too bad. Do you need any help?
G: Yes. Can you take my phone out of my bag?
B: Sure.

소년: 너의 팔에 무슨 일이 생긴 거니, Susie?
소녀: 나는 어제 계단에서 넘어졌어.
소년: 그거 참 안됐다. 뭐 좀 도와줄까?
소녀: 응. 내 가방에서 내 전화기를 꺼내 주겠니?
소년: 물론이지.

---

09 ② 여행을 갈 준비가 되었느냐는 질문에 기다릴 수 없을 만큼 기대하고 있다는 대답이 알맞다.
- trip 여행

W: Are you ready to go on a trip?
B: _____

여자: 너는 여행을 갈 준비가 되었니?
소년: _____
① 천만에요.
② 네, 기다릴 수가 없어요.
③ 그 말을 듣게 되어 유감이에요.
④ 저는 그 여행에 관해 잊어버렸어요.

---

10 ③ 여자아이는 요리 로봇을 찾고 있는데, 그건 3층에 있다고 했다.
- third floor 3층
- floor map 층별 지도

M: Welcome to the Robot Museum.
G: Where is the cooking robot?
M: All the robots for homes are on the third floor.
G: Thank you. Can I have a floor map?
M: Here you are.

남자: Robot Museum에 오신 걸 환영합니다.
소녀: 요리 로봇은 어디에 있나요?
남자: 모든 가정용 로봇은 3층에 있습니다.
소녀: 감사합니다. 층별 지도를 얻을 수 있나요?
남자: 여기 있습니다.

정답	JUMP UP 받아쓰기(스크립트)	해석
11 ③ 오늘 체육 수업은 축구를 하지 않고 체육관에서 배드민턴을 한다고 했다. • gym 체육관 • racket 라켓	G: Our next class is P.E. B: Do we play soccer today? G: No. We play badminton in the gym. B: I see. Let's go to the gym together. G: Take your badminton rackets. B: Okay.	소녀: 우리 다음 수업은 체육이야. 소년: 우리는 오늘 축구를 하니? 소녀: 아니. 우리는 체육관에서 배드민턴을 쳐. 소년: 그렇구나. 체육관에 함께 가자. 소녀: 너의 배드민턴 라켓을 챙겨. 소년: 알겠어.
12 ① 여자아이는 멕시코 음식인 타코를 좋아한다고 했다. • festival 축제 • different 다른 • country 나라 • Chinese 중국의 • Thai 태국의	B: Let's go to the World Food Festival together. G: What can we do at the festival? B: We can try food from different countries. G: Can we have Mexican food? I like tacos. B: Sure. I heard there are also Chinese and Thai food. G: Okay. Let's go there this weekend.	소년: 세계 음식 축제에 함께 가자. 소녀: 그 축제에서 우리는 무엇을 할 수 있니? 소년: 우리는 다른 나라에서 온 음식을 먹어 볼 수 있어. 소녀: 멕시코 음식도 먹을 수 있니? 나는 타코를 좋아해. 소년: 물론이지. 그곳에 중국이랑 태국 음식도 있다고 들었어. 소녀: 좋아. 이번 주말에 거기에 가자.
13 ④ 생일마다 먹는 것으로 그 위에 양초를 꽂고 생일 축하 노래를 부르는 것은 케이크이다. • made of ~로 만든 • flour 밀가루 • candle 양초 • song 노래	W: People eat me on their birthdays. I'm made of flour, butter, eggs, and sugar. People put candles on me and sing a birthday song. What am I?	여자: 사람들은 나를 그들의 생일마다 먹는다. 나는 밀가루, 버터, 계란, 그리고 설탕으로 만들어졌다. 사람들은 내 위에 양초를 꽂고 생일 축하 노래를 부른다. 나는 무엇일까?
14 ① 여자아이가 아침에 잘 못 일어난다고 하자 남자아이는 운동을 해 보라고 조언하고 있다. • these days 요즘 • exercise 운동 • start 시작하다	G: I can't get up early these days. B: What's wrong? G: I go to bed early, but I always need more sleep. B: Maybe you should do some exercise. G: You're right. I should start today.	소녀: 나는 요즘에 일찍 못 일어나겠어. 소년: 무슨 일이야? 소녀: 나는 일찍 자러 가지만 언제나 잠이 더 필요해. 소년: 아마도 너는 운동을 좀 해야 할 것 같아. 소녀: 네 말이 맞아. 오늘 시작해야겠어.
15 ② 소녀는 곱슬곱슬한 검은색 머리카락을 가지고 있다. • glasses 안경 • curly 곱슬곱슬한	① M: The boy is wearing glasses. ② M: The girl has curly black hair. ③ M: The girl is taller than the boy. ④ M: The boy is wearing blue pants.	① 남자: 남자아이는 안경을 쓰고 있다. ② 남자: 여자아이는 곱슬곱슬한 검은색 머리카락을 가지고 있다. ③ 남자: 여자아이는 남자아이보다 키가 더 크다. ④ 남자: 남자아이는 파란색 바지를 입고 있다.
16 ③ 여자아이는 이번 주 주말 Good Boy 콘서트에 열성 팬인 엄마와 함께 갈 거라고 했다. • weekend 주말 • big fan 열성 팬 • alone 혼자	G: I'm going to go to Good Boy's concert this weekend. B: Really? Do you like Good Boy? G: Yes. I'm a big fan of that band. B: Are you going there alone? G: No. I'm going there with my mom. She's also a big fan.	소녀: 나는 이번 주말에 Good Boy의 콘서트에 갈 예정이야. 소년: 정말이니? 너는 Good Boy를 좋아하니? 소녀: 응. 나는 그 밴드의 열성 팬이야. 소년: 너는 그곳에 혼자 갈 예정이니? 소녀: 아니. 나는 그곳에 우리 엄마와 함께 갈 거야. 그녀도 역시 열성 팬이야.
17 ② 콘서트 일자는 9월 20일이고 장소는 Central Concert Hall이다.	M: Jenny, how was singing practice? G: It was great. We are practicing very hard.	남자: Jenny, 노래 연습 어땠니? 소녀: 굉장했어요. 저희는 매우 열심히 연습하고 있어요. 남자: 가을 콘서트가 다가오는구나. 언제니?

정답	JUMP UP 받아쓰기(스크립트)	해석
• practice 연습, 연습하다 • fall 가을	M: The fall concert is <u>coming</u> up. When is it? G: It's on <u>September</u> 20th. M: I'll be there. It's at the Central Concert Hall, right? G: Yes, it is.	소녀: 9월 20일이에요. 남자: 나도 거기에 갈게. 그건 Central Concert Hall에서 하지, 맞지? 소녀: 네, 맞아요.
18 ④ 치킨샌드위치를 주문한 사람에게 더 필요한 건 없는지 묻고 있으므로 오렌지 주스를 주문하는 응답이 알맞다. • order 주문 • special 특별한	W: Can I take your <u>order</u>? B: What is today's <u>special</u> sandwich? W: It's a chicken sandwich. B: I'll have that. W: That's 6 dollars. Anything <u>else</u>? B: _____	여자: 주문하시겠습니까? 소년: 오늘의 특별 샌드위치는 무엇인가요? 여자: 치킨샌드위치입니다. 소년: 그걸 먹을게요. 여자: 6달러입니다. 더 필요한 건 없으세요? 소년: _____ ① 저는 이걸 주문하지 않았어요. ② 모든 음식이 좋았어요. ③ 저는 치킨샌드위치를 먹을게요. ④ 오렌지 주스 한 잔 주시겠어요?
19 ④ 목도 아프다는 남자아이의 말에 이어질 여자의 응답으로 알맞은 것은 오늘 침대에서 쉬라는 말이다. • terrible 심한 • headache 두통 • fever 열 • sore 아픈 • throat 목	W: Wake up, Henry. It's time to go to school. B: Mom, I have a terrible <u>headache</u>. W: Let me see. Oh, you also have a <u>fever</u>. B: I have a <u>sore</u> throat, too. W: _____	여자: 일어나렴, Henry. 학교에 갈 시간이야. 소년: 엄마, 저는 심한 두통이 있어요. 여자: 한번 보자. 오, 너는 열도 있구나. 소년: 저는 목도 아파요. 여자: _____ ① 나는 약을 좀 먹었어. ② 너는 열이 없어. ③ 나는 진료받으러 가야 해. ④ 너는 오늘 침대에서 쉬어야겠다.
20 ③ 집에서 재미있게 할 수 있는 일이 아닌 것은 공원에서 자전거를 타는 것이다. • outside 밖 • still 여전히	G: It's <u>raining</u> outside. B: Oh, no. We can't go out and <u>play</u>. G: That's okay. We can still have <u>fun</u> at home. B: Really? What can we do at home? G: _____	소녀: 밖에 비가 오고 있어. 소년: 오, 안 돼. 우리는 나가서 놀 수 없잖아. 소녀: 괜찮아. 우리는 집에서 여전히 재미있게 보낼 수 있어. 소년: 정말이야? 우리가 집에서 뭘 할 수 있니? 소녀: _____ ① 우리는 그림을 그릴 수 있어. ② 우리는 보드게임을 할 수 있어. ③ 공원에서 자전거를 타자. ④ 영화를 좀 보는 건 어때?

정답	스크립트	해석
01 ② 여자아이는 만화책을 빌리고 싶어서 만화책의 주인인 수호를 찾고 있다. • comic book 만화책 • borrow 빌리다 • cafeteria 카페테리아, 구내 식당	G: Jinsu, what are you reading? B: I'm reading a new comic book. G: It looks interesting. Can I borrow it? B: Oh, sorry. It's Suho's. You should ask him. G: Where is he? Do you know? B: He's having lunch in the cafeteria.	소녀: 진수야, 너 뭐 읽고 있니? 소년: 나는 새로 나온 만화책을 읽고 있어. 소녀: 그거 재미있어 보인다. 내가 그거 빌려도 되니? 소년: 오, 미안해. 이건 수호의 것이야. 너는 그에게 물어봐야 해. 소녀: 그는 어디에 있니? 너는 아니? 소년: 그는 구내식당에서 점심을 먹고 있어.
02 ③ 남자아이는 여름방학에 영어 캠프에 가려던 계획을 바꿔 양평에 가서 수상 스키 타는 것을 배울 것이라고 했다. • vacation 방학 • come up 다가오다 • change 바꾸다 • mind 마음 • waterski 수상 스키를 타다	B: Summer vacation is coming up. I can't wait. G: Are you going to an English camp? B: I wanted to do that, but I changed my mind. G: What are you going to do then? B: I will go to Yangpyeong and learn to waterski there. G: That's cool. Have fun.	소년: 여름방학이 다가오고 있어. 기대된다. 소녀: 너는 영어 캠프에 갈 예정이니? 소년: 나는 그걸 하고 싶었지만 마음을 바꿨어. 소녀: 그럼 너는 무엇을 할 예정이니? 소년: 나는 양평에 가서 그곳에서 수상 스키 타는 걸 배울 거야. 소녀: 그거 멋지다. 좋은 시간 보내.
03 ⑤ 선생님은 민지에게 운동회 날의 달리기 선수를 찾고 있다고 했다. • look for ~을 찾다 • runner 달리는 사람, 달리기 선수	G: Mr. Jung, did you want to see me? M: Yes. Minji. Do you know about sports day? G: Yes. It's in May. M: I'm looking for a runner. What do you think about that? G: Well, I'm not the fastest student. M: Don't worry. You'll do great. G: Okay. I'll think about it.	소녀: 정 선생님, 저를 보자고 하셨나요? 남자: 그래 민지야. 운동회 날에 관해 아니? 소녀: 네. 그건 5월에 있지요. 남자: 나는 달리기 선수를 찾고 있어. 그것에 대해 어떻게 생각하니? 소녀: 음, 저는 가장 빠른 학생은 아니에요. 남자: 걱정하지 마. 너는 잘할 거야. 소녀: 알겠어요. 생각해 볼게요.

04 ⑤ 테니스 신발이 어디에 있는지 묻는 물음에 그것들은 내 것이 아니라고 답하는 것은 어색하다.
• worried 걱정하는
• tennis 테니스
• mine 나의 것
	① G: Hi. How's it going?
	   B: I'm fine.
	② G: What time is it?
	   B: It's two o'clock.
	③ G: Do you like spring?
	   B: Yes. It's my favorite season.
	④ G: You look worried.
	   B: Yeah, my dog is sick.
	⑤ G: Where are my tennis shoes?
	   B: They are not mine.
		① 소녀: 안녕. 어떻게 지내니?
		   소년: 잘 지내.
		② 소녀: 몇 시지?
		   소년: 2시야.
		③ 소녀: 너는 봄을 좋아하니?
		   소년: 응. 그건 내가 가장 좋아하는 계절이야.
		④ 소녀: 너는 걱정이 있어 보여.
		   소년: 맞아, 내 개가 아파.
		⑤ 소녀: 내 테니스 신발이 어디에 있지?
		   소년: 그것들은 내 것이 아니야.

05 ② 여자아이는 24색 수채화 물감 한 세트를 사길 원하고 그것은 15달러이다. • watercolor 수채화	G: Hello. I'm looking for watercolor paints. M: Do you have a brand in mind? G: Not really. M: Do you want a set of 24 or 30?	소녀: 안녕하세요. 저는 수채화 물감을 찾고 있어요. 남자: 마음에 둔 브랜드가 있으신가요? 소녀: 아니요. 남자: 24색 세트를 원하세요, 30색 세트를 원하세요?

정답	스크립트	해석
• paint 물감 • set 세트, 한 벌	G: I'll take one set with 24 watercolors. M: That is 15 dollars. Anything else? G: No. That's all.	소녀: 저는 24색 수채화 물감 한 세트를 살게요. 남자: 그건 15달러예요. 또 그 밖에 다른 건요? 소녀: 아니요. 그게 다예요.

본문 48~49쪽

01 May I use your phone? / 내가 너의 전화를 써도 될까?

02 I'll see you tomorrow. / 내일 만나자.

03 Don't run in the library. / 도서관에서는 뛰지 마세요.

04 I fell down the stairs yesterday. / 나는 어제 계단에서 넘어졌어.

05 We can try food from different countries. / 우리는 다른 나라에서 온 음식을 먹어 볼 수 있어.

06 The boy is wearing blue pants. / 그 소년은 파란색 바지를 입고 있다.

07 I'm a big fan of that band. / 나는 그 밴드의 열성 팬이야.

08 You should ask him. / 너는 그에게 물어봐야 해.

09 I'm looking for a runner. / 나는 달리기 선수를 찾고 있어.

10 You look worried. / 너는 걱정이 있어 보여.

본문 50쪽

01 I'm a big fan of that band.

02 May I use your chair?

03 We can try food from different countries.

04 You should ask him.

05 The boy is wearing a green cap.

06 I'm looking for a runner.

07 What happened to your arm?

Listen & Speak Up 4

WARM UP

A
01 **go for a walk**, 산책하러 가다　02 **excited**, 신이 난　03 **desert**, 사막　04 **topic**, 주제
05 **pocket money**, 용돈　06 **knit**, (실로 옷을) 짜다, 뜨다　07 **insect**, 곤충
08 **ground**, 땅, 바닥　09 **service center**, 수리소　10 **receipt**, 영수증

B
01 **go for**　02 **desert**　03 **topic**　04 **insect**　05 **ground**　06 **excited**
07 **pocket money**　08 **knit**　09 **service center**　10 **receipt**

LISTEN UP | JUMP UP

LISTEN UP　듣기평가 모의고사 4

01 ②	02 ④	03 ②	04 ②	05 ①	06 ②	07 ③	08 ①	09 ④	10 ①
11 ②	12 ②	13 ①	14 ②	15 ④	16 ①	17 ①	18 ④	19 ①	20 ②

정답	JUMP UP 받아쓰기(스크립트)	해석
01 ② 그림에서 창밖에 바람이 많이 불고 있고, 여자아이가 재킷을 챙겨 주고 있으므로 ②의 대화 내용이 알맞다. • go for a walk 산책하러 가다 • windy 바람 부는 • take 가져가다	① B: What day is it today? 　G: It's <u>Thursday</u>. ② B: I'm going for a walk outside. 　G: It's cold and <u>windy</u>. Take your jacket. ③ B: How about playing soccer? 　G: I can't. I have to take <u>care</u> of my brother. ④ B: What are you going to do this afternoon? 　G: I am going to play soccer.	① 소년: 오늘 무슨 요일이야? 　소녀: 목요일이야. ② 소년: 나는 밖에 산책하러 나가. 　소녀: 춥고 바람이 불어. 네 재킷을 챙겨. ③ 소년: 축구를 하는 게 어때? 　소녀: 나는 못 해. 나는 남동생을 돌봐야 해. ④ 소년: 오늘 오후에 무엇을 할 예정이야? 　소녀: 나는 축구를 할 거야.
02 ④ 여자아이가 할아버지께 햄버거와 샐러드 등 음식을 권하고 있다. • hamburger 햄버거 • much 많이, 매우 • salad 샐러드	G: Do you want some hamburgers, Grandpa? M: No, <u>thanks</u>, Tina. I don't like hamburgers much. G: Then how about some <u>salad</u>? M: That <u>sounds</u> good.	소녀: 햄버거 좀 드실래요, 할아버지? 남자: 아니, 괜찮다, Tina야. 나는 햄버거를 별로 좋아하지 않아. 소녀: 그럼 샐러드는 좀 어떠세요? 남자: 그거 좋구나.
03 ② 다음 주 학교 소풍으로 Happy Land에 간다고 말하고 있다. • picnic 소풍 • excited 신이 난	B: Did you <u>hear</u> that? We are going to Happy Land! G: Are you talking about the school <u>picnic</u> next week? B: Yeah. I'm so excited. G: Me, too. I can't <u>wait</u>.	소년: 너 그거 들었니? 우리는 Happy Land에 갈 예정이래! 소녀: 다음 주 학교 소풍에 대해 말하는 거니? 소년: 응. 나는 매우 신이 나. 소녀: 나도. 기다릴 수가 없어.

정답	JUMP UP 받아쓰기(스크립트)	해석

04 ② 음식물 섭취 금지 표지판을 보며 이야기하고 있다.
- snack 간식
- hungry 배가 고픈
- sign 표지판
- museum 박물관

G: Let's eat some snacks. I'm <u>hungry</u>.
B: No, we shouldn't. Look at the <u>sign</u>. No food.
G: Oh, I didn't know that.
B: Let's have some snacks outside the <u>museum</u> later.

소녀: 간식 좀 먹자. 나 배가 고파.
소년: 아니, 안 돼. 표지판을 봐. 음식물 섭취 금지래.
소녀: 오, 나는 그걸 몰랐어.
소년: 나중에 박물관 밖에서 간식을 좀 먹자.

---

05 ① 생일이 언제인지 묻는 질문에 November 6th(11월 6일)로 대답하는 것은 자연스럽다.
- date 날짜
- bring 가져오다
- balloon 풍선

① B: When is your birthday?
　G: It's November 6th.
② B: What's the <u>date</u> today?
　G: It's next Tuesday.
③ B: What will you do tomorrow?
　G: I did my <u>homework</u>.
④ B: Can you bring the <u>balloons</u>?
　G: No, thank you. I don't need them.

① 소년: 너의 생일은 언제니?
　소녀: 11월 6일이야.
② 소년: 오늘이 며칠이지?
　소녀: 다음 주 화요일이야.
③ 소년: 너는 내일 무엇을 할 거니?
　소녀: 나는 내 숙제를 했어.
④ 소년: 너는 풍선 가져올 수 있니?
　소녀: 아니, 괜찮아. 나는 그것들이 필요하지 않아.

---

06 ② 자전거가 없어진 상황이므로 자전거를 잃어버렸다고 말하는 것이 적절하다.
- bring 가져오다
- post office 우체국

① G: I didn't <u>bring</u> my bag.
② G: I lost my bike.
③ G: I <u>like</u> riding my bike.
④ G: Where is the post <u>office</u>?

① 소녀: 저는 제 가방을 안 가져왔어요.
② 소녀: 저는 제 자전거를 잃어버렸어요.
③ 소녀: 저는 제 자전거 타는 것을 좋아해요.
④ 소녀: 우체국은 어디에 있나요?

---

07 ③ 두 사람은 과학 숙제의 주제에 대해 이야기하고 있다.
- finish 끝내다
- desert 사막
- change 바꾸다
- topic 주제

B: Jane, did you <u>finish</u> the science homework?
G: Not yet. But I want to write about <u>deserts</u>.
B: What? We should write about a sea animal.
G: Really? I didn't know that. I should <u>change</u> my topic.

소년: Jane, 너는 과학 숙제를 끝냈니?
소녀: 아직 아니야. 그런데 나는 사막에 관해 쓰고 싶어.
소년: 뭐라고? 우리는 바다 동물에 관해 써야 해.
소녀: 정말이니? 나는 그걸 몰랐어. 나는 나의 주제를 바꿔야겠다.

---

08 ① 여자아이는 영어 수업에 필요한 책을 사기 위해 30달러가 필요하다고 했다.
- pocket money 용돈
- use 사용하다
- gift 선물

G: Dad, can I have $30?
M: Jinny, I gave you <u>pocket</u> money last week.
G: I used it all for my friend's birthday <u>gift</u>.
M: Okay. But what do you need $30 for?
G: I have to buy some books for English <u>class</u>.
M: All right. Here you are.

소녀: 아빠, 저 30달러 주실 수 있으세요?
남자: Jinny, 내가 지난주에 너에게 용돈을 주었잖니.
소녀: 저는 그걸 친구 생일 선물에 다 썼어요.
남자: 알겠다. 그런데 30달러는 뭐에 필요하니?
소녀: 영어 수업을 위한 책을 좀 사야 해요.
남자: 그래. 여기 있다.

---

09 ④ 그림에서 냉장고를 열어 재료가 있는지 확인하고 있으므로, 알맞은 응답은 ④이다.
- spaghetti 스파게티
- tomato 토마토
- onion 양파

W: Let's make spaghetti for <u>lunch</u>. Do we have tomatoes?
B: _____

여자: 우리 점심으로 스파게티를 만들자. 토마토가 있니?
소년: _____
① 저는 점심으로 스파게티를 먹었어요.
② 아니요. 제가 가서 우유를 좀 사올게요.
③ 우리 점심으로 스파게티 먹는 게 어때요?
④ 네. 우리는 토마토, 양파, 그리고 베이컨이 있어요.

정답	JUMP UP 받아쓰기(스크립트)	해석
10 ① 여자가 가져다달라고 한 가위는 램프 아래에 있는 서랍 안에 있다. • knit (실로 옷을) 짜다, 뜨다 • glove 장갑 • scissors 가위 • drawer 서랍 • lamp 램프	B: Mom, what are you making? W: I'm knitting some <u>gloves</u>. Can you bring me the scissors? B: No problem. Are they in the <u>basket</u> on the sofa? W: No, they're in the drawer <u>under</u> the lamp. B: Oh, I found them.	소년: 엄마, 무엇을 만들고 계세요? 여자: 나는 장갑을 짜고 있어. 나에게 가위를 가져다 주겠니? 소년: 그럼요. 그건 소파 위에 있는 바구니 안에 있나요? 여자: 아니, 그건 램프 아래에 있는 서랍 안에 있어. 소년: 오, 그걸 찾았어요.
11 ② 남자아이는 사자를 제일 좋아한다고 했다. • zoo 동물원 • koala 코알라 • next to ~ 옆에 • elephant 코끼리	B: This zoo is very big. G: Look! There are koalas in the <u>trees</u>. B: They are so <u>cute</u>! Where are the lions? I like them the most. G: The lions are <u>next</u> to the elephants.	소년: 이 동물원은 매우 크다. 소녀: 봐! 나무에 코알라들이 있어. 소년: 정말 귀엽다! 사자들은 어디에 있을까? 나는 그것들이 제일 좋아. 소녀: 사자들은 코끼리들 옆에 있어.
12 ② 모임 시간이 2시에서 3시로 바뀌었고 모임 장소는 Joe's Cafe라고 했다. • telephone 전화 • message 메시지 • change 바꾸다 • anymore 더 이상	B: Mom, I'm home. W: Mike, I have a telephone <u>message</u> from Susie. B: What did she say? W: She changed the meeting time to 3:00. It's not 2:00 <u>anymore</u>. B: Anything else? W: You should <u>meet</u> her at Joe's Cafe. B: I see. Thank you.	소년: 엄마, 저 집에 왔어요. 여자: Mike, Susie에게 온 전화 메시지가 있어. 소년: 그녀가 뭐라고 말했나요? 여자: 그녀는 모임 시간을 3시로 바꿨어. 더 이상 2시가 아니야. 소년: 또 다른 건요? 여자: 넌 그녀를 Joe's Cafe에서 만나야 해. 소년: 알겠어요. 감사해요.
13 ① 다리가 6개이고, 땅 밑에서 살면서 여왕이 존재하고 대부분이 일을 하는 곤충은 개미이다. • insect 곤충 • ground 땅 • worker 노동자, 일하는 사람	M: I am a kind of <u>insect</u>. I have six legs. My friends and I live under the <u>ground</u>. We all have jobs. Almost all of us are <u>workers</u>. We have one queen.	남자: 나는 곤충의 한 종류이다. 나는 다리가 6개 있다. 내 친구들과 나는 땅 밑에서 산다. 우리는 모두 일이 있다. 우리의 거의 대부분은 노동자이다. 우리는 하나의 여왕이 있다.
14 ② 남자아이가 축구 경기에서 졌다고 하자 여자아이가 위로를 하고 있다. • lost lose(지다)의 과거형 • goal 골, 득점 • chance 기회 • score 득점하다	G: How was the soccer game? B: My team <u>lost</u> by three goals. G: Oh, I'm sorry to hear that. B: I had a chance, but I couldn't <u>score</u> a goal. G: You'll do <u>better</u> next time. Don't worry.	소녀: 축구 경기 어떻게 되었니? 소년: 우리 팀이 3골 차로 졌어. 소녀: 오, 그 말을 들으니 유감이구나. 소년: 나에게 기회가 있었는데 득점을 하지 못했어. 소녀: 다음번엔 더 잘할 거야. 걱정하지 마.
15 ④ 그림에서 바구니에는 사탕이 3개 있다. • picture 그림 • candle 양초 • basket 바구니	① W: There is one picture on the <u>wall</u>. ② W: There are four candles on the cake. ③ W: There aren't any <u>flowers</u> in the vase. ④ W: There are three <u>candies</u> in the basket.	① 여자: 벽에 그림이 하나 있다. ② 여자: 케이크 위에 양초가 4개 있다. ③ 여자: 꽃병 안에 꽃이 하나도 없다. ④ 여자: 바구니 안에 사탕이 3개가 있다.

정답	JUMP UP 받아쓰기(스크립트)	해석

16 ① 함께 춘천으로 캠핑 여행을 가는데, 오늘 날씨는 비가 오지만 내일은 괜찮을 거라고 했다.
- trip 여행
- weather 날씨
- take 가져가다
- umbrella 우산

B: Kelly, are you ready for the camping <u>trip</u> today?
G: Sure. How's the <u>weather</u> in Chuncheon?
B: It'll rain all day today, but it'll be okay tomorrow.
G: Then let's take <u>umbrellas</u>.
B: Yes.

소년: Kelly, 오늘 캠핑 여행 가는 것 준비됐니?
소녀: 물론이지. 춘천의 날씨는 어때?
소년: 오늘은 하루 종일 비가 오지만 내일은 괜찮을 거야.
소녀: 그럼 우산을 챙겨 가자.
소년: 응.

---

17 ① 두 사람이 하이킹을 하고 있고, 정상에서 사진을 찍자는 말로 보아 대화하는 장소는 산이다.
- rock 바위
- hike 하이킹하다
- fresh 상쾌한, 신선한
- top 위, (산의) 정상

M: Watch out!
G: Oh, thanks. I didn't see that <u>rock</u>.
M: When you <u>hike</u>, you should be careful.
G: Okay. The air is so <u>fresh</u> here.
M: Yeah, let's take a picture at the top.

남자: 조심해!
소녀: 오, 감사해요. 나는 저 바위를 보지 못했어요.
남자: 하이킹을 할 때, 너는 조심해야 해.
소녀: 알겠어요. 여기 공기가 매우 상쾌해요.
남자: 맞아, 정상에서 사진을 찍자.

---

18 ④ 다른 디자인의 컵이 있는지 묻는 물음에 하트가 그려진 것이 있다고 응답하는 것이 알맞다.
- different 다른
- design 디자인

W: May I help you?
M: Yes, please. I'm looking for a <u>cup</u>.
W: How about this one with <u>stars</u>?
M: Well... do you have any <u>different</u> designs?
W: _____

여자: 도와드릴까요?
남자: 네. 저는 컵을 찾고 있어요.
여자: 별이 그려진 이것은 어떤가요?
남자: 음… 다른 디자인이 있을까요?
여자: _____

① 좋아요. 그걸 살게요.
② 저는 컵을 찾고 있어요.
③ 죄송해요. 저희는 컵이 없어요.
④ 물론이죠. 하트가 그려진 이것이 있어요.

---

19 ① 편지가 언제 도착하는지 묻고 있으므로, 일주일 후에 도착할 것이라는 응답이 알맞다.
- send 보내다
- letter 편지
- arrive 도착하다

M: Can I help you?
G: Yes. I want to send this <u>letter</u>.
M: To <u>where</u>?
G: To Jejudo.
M: Okay. That'll be $15.
G: When will it <u>arrive</u>?
M: _____

남자: 도와드릴까요?
소녀: 네. 저는 이 편지를 보내고 싶어요.
남자: 어디로요?
소녀: 제주도로요.
남자: 알겠습니다. 15달러입니다.
소녀: 그게 언제 도착할까요?
남자: _____

① 그건 일주일 후에 도착할 거예요.
② 나는 지난주에 제주도에 갔어요.
③ 나는 그것을 할머니에게 썼어요.
④ 제주도에 가려면 당신은 비행기를 타야 해요.

---

20 ② Jenny의 생일 파티에서 한 일을 묻고 있으므로 파티에 가지 않았다는 응답은 알맞지 않다.
- party 파티
- magic 마술
- popcorn 팝콘

B: What did you do <u>yesterday</u>, Mina?
G: My brother and I went to Jenny's birthday <u>party</u>.
B: <u>What</u> did you do there?
G: _____

소년: 미나야, 너는 어제 무엇을 했니?
소녀: 남동생[오빠]과 나는 Jenny의 생일 파티에 갔었어.
소년: 그곳에서 무엇을 했니?
소녀: _____

① 우리는 보드게임을 했어.
② 우리는 파티에 가지 않았어.
③ 우리는 마술 쇼를 봤어.
④ 우리는 팝콘을 만들고 영화를 좀 봤어.

01 ④   02 ⑤   03 ①   04 ②   05 ④

정답	스크립트	해석

01 ④ 컴퓨터를 서비스 센터에 가져갈 시간이 없다고 하자 남자아이는 컴퓨터를 잘 고치는 Mike에게 물어보라고 했다.
• work 작동되다, 일하다
• turn off 끄다
• turn on 켜다
• service center 수리소, 서비스 센터
• fix 고치다

G: Oh, no. My computer isn't working.
B: Did you turn it off and then turn it back on?
G: I tried that many times, but it still isn't working.
B: How about taking it to the service center?
G: I don't have time. I have to finish my homework today.
B: Then how about asking Mike? He's good at fixing computers.
G: Really? I will call him right now.

소녀: 오, 안 돼. 내 컴퓨터가 작동이 안 돼.
소년: 그걸 껐다가 다시 켜 보았니?
소녀: 여러 번 시도했지만 여전히 작동이 안 돼.
소년: 수리소에 가져가 보는 게 어때?
소녀: 시간이 없어. 나는 오늘 내 숙제를 끝내야만 해.
소년: 그럼 Mike에게 물어보는 게 어때? 그는 컴퓨터 고치는 걸 잘해.
소녀: 정말이니? 지금 당장 내가 그에게 전화해 볼게.

02 ⑤ 남자아이는 내일 부산에 가서 가족과 함께 FC 부산의 축구 결승전을 본다고 했다.
• final 결승
• fan 팬
• member 구성원

B: I'm planning to go to Busan tomorrow.
G: What are you going to do there?
B: I'll watch the FC Busan soccer finals with my family.
G: Are you a fan of FC Busan?
B: Yes. All my family members are.
G: That's great. I hope you enjoy the weekend.

소년: 나는 내일 부산에 갈 계획이야.
소녀: 그곳에서 무엇을 할 예정이니?
소년: 나는 우리 가족과 함께 FC 부산 축구 결승전을 볼 거야.
소녀: 너는 FC 부산의 팬이니?
소년: 응. 우리 가족 구성원 모두가 그래.
소녀: 그거 잘됐구나. 주말 잘 즐기길 바라.

03 ① 여자아이는 어제 산 치마의 사이즈가 조금 작아서 교환하러 가게에 왔다.
• skirt 치마
• problem 문제
• bigger 더 큰
• receipt 영수증

M: How can I help you?
G: Hi. I bought this skirt yesterday but…
M: Is there a problem with it?
G: Yes. It is a bit small for me.
M: Then would you like to change it for a bigger size?
G: Yes. Here is the receipt.

남자: 무엇을 도와드릴까요?
소녀: 안녕하세요. 저는 어제 이 치마를 샀는데…
남자: 그것에 무슨 문제가 있나요?
소녀: 네. 그것이 저에게 조금 작아요.
남자: 그럼 그것을 더 큰 사이즈로 교환하길 원하시나요?
소녀: 네. 여기 영수증이 있어요.

04 ② 몇 학년이냐는 질문에 자신의 교실이 3층에 있다는 응답은 어색하다.
• sweet 달콤한
• third floor 3층
• hold 들다

① W: How was the cupcake?
　 B: It was too sweet for me.
② W: What grade are you in?
　 B: My classroom is on the third floor.
③ W: What would you like to have?
　 B: I'd like some apple pie.
④ W: Be careful! I'm holding some hot soup.
　 B: Oops, I'm sorry.
⑤ W: You look excited. What's up?
　 B: Tomorrow is my birthday.

① 여자: 컵케이크 어땠니?
　 소년: 저에겐 너무 달았어요.
② 여자: 너는 몇 학년이니?
　 소년: 저의 교실은 3층에 있어요.
③ 여자: 무엇을 먹고 싶니?
　 소년: 저는 사과 파이가 먹고 싶어요.
④ 여자: 조심해! 나는 뜨거운 수프를 들고 있어.
　 소년: 이런, 죄송해요.
⑤ 여자: 너는 신이 나 보이는구나. 무슨 일이니?
　 소년: 내일은 제 생일이에요.

정답	스크립트	해석

05 ④ 그림에서 여자가 떡볶이를 남자에게 권하고 남자는 맛있게 먹고 있으므로 ④가 적절하다.
- spicy 매운
- drink 마시다
- lemonade 레몬에이드

① W: Do you like spicy food?
   M: No, I don't.
② W: What is your favorite food?
   M: I like pancakes.
③ W: What will you do tomorrow?
   M: I will make *tteokbokki*.
④ W: I made *tteokbokki*. Do you want to try it?
   M: Yes, please. I like spicy food.
⑤ W: Would you like something to drink?
   M: Sure. I'll have some lemonade.

① 여자: 너는 매운 음식을 좋아하니?
   남자: 아니, 그렇지 않아.
② 여자: 네가 가장 좋아하는 음식은 뭐니?
   남자: 나는 팬케이크를 좋아해.
③ 여자: 너는 내일 무엇을 할 거니?
   남자: 나는 떡볶이를 만들 거야.
④ 여자: 나는 떡볶이를 만들었어. 너 그걸 먹어 보고 싶니?
   남자: 응. 나는 매운 음식을 좋아해.
⑤ 여자: 너 뭐 좀 마실래?
   남자: 물론이지. 나는 레몬에이드를 마실게.

FLY UP

본문 62~63쪽

01 What are you going to do this afternoon? / 너는 오늘 오후에 무엇을 할 예정이니?

02 Do you want some hamburgers? / 너 햄버거 좀 먹을래?

03 There are koalas in the trees. / 나무에 코알라들이 있어.

04 You'll do better next time. / 너는 다음번에는 더 잘할 거야.

05 Would you like something to drink? / 너 뭐 좀 마실래?

06 There aren't any flowers in the vase. / 꽃병 안에 꽃이 하나도 없다.

07 I didn't see that rock. / 저는 저 바위를 보지 못했어요.

08 What did you do yesterday? / 너는 어제 무엇을 했니?

09 I will call him right now. / 지금 당장 내가 그에게 전화해 볼게.

10 Do you want to try it? / 너는 그것을 먹어 보고 싶니?

SPEAK UP

본문 64쪽

01 Do you want some hamburgers?

02 You'll do better next time.

03 I will call him right now.

04 I didn't see the man.

05 What are you going to do this weekend?

06 What did you do yesterday?

07 Would you like something to drink?

 **WARM UP**

본문 65쪽

A
01 congratulation, 축하, 축하 인사 02 enjoy, 즐기다 03 volunteer, 자원봉사
04 see a movie, 영화를 보다 05 leaf, 잎 06 library, 도서관 07 neighbor, 이웃
08 earphone, 이어폰 09 check out, (책을) 대출하다 10 shelf, 선반

B
01 enjoy 02 volunteer 03 leaf 04 library 05 check out
06 Congratulations 07 see 08 earphone 09 neighbor 10 shelf

LISTEN UP **JUMP UP**

LISTEN UP 듣기평가 모의고사 5

본문 66~75쪽

| 01 ③ | 02 ① | 03 ③ | 04 ④ | 05 ② | 06 ③ | 07 ④ | 08 ② | 09 ③ | 10 ① |
| 11 ① | 12 ③ | 13 ④ | 14 ① | 15 ④ | 16 ② | 17 ② | 18 ④ | 19 ① | 20 ① |

정답	JUMP UP 받아쓰기(스크립트)	해석
01 ③ 그림에서 여자는 남자가 만든 케이크를 먹고 맛있어 하는 표정을 짓고 있다. · hungry 배가 고픈 · taste 맛이 나는 · delicious 맛있는 · dessert 디저트, 후식	① W: Would you like some <u>cake</u>? 　M: No, thank you. I'm not hungry. ② W: What do you want to have? 　M: I want some <u>sandwiches</u>. ③ W: Your cake tastes very <u>delicious</u>. 　M: I'm glad to hear that. ④ W: What's your favorite dessert? 　M: My favorite dessert is cookies.	① 여자: 케이크 좀 드실래요? 　남자: 아니, 괜찮아요. 배가 안 고파요. ② 여자: 무엇을 드시고 싶으세요? 　남자: 샌드위치를 좀 먹고 싶어요. ③ 여자: 당신의 케이크가 매우 맛이 있어요. 　남자: 그 말을 들으니 기뻐요. ④ 여자: 당신이 가장 좋아하는 디저트는 무엇인가요? 　남자: 제가 가장 좋아하는 디저트는 쿠키예요.
02 ① 과학 경연 대회에서 1등을 한 것에 대해 축하한다고 말하고 있다. · contest 경연 대회 · actually 사실은 · prize 상 · Congratulations. 축하해(요).	B: Yuna, how was the science <u>contest</u>? G: It was good. Actually, I won first <u>prize</u>. B: Really? You worked very <u>hard</u>. 　Congratulations.	소년: 유나야, 과학 경연 대회는 어떻게 되었니? 소녀: 좋았어. 사실, 나는 1등을 했어. 소년: 정말이니? 너 정말 열심히 했지. 축하해.
03 ③ 남자아이는 겨울을, 여자아이는 여름을 좋아한다고 말하고 있다. · season 계절 · because 왜냐하면 · water sports 수상 스포츠	G: Mike, what's your favorite <u>season</u>? B: It is winter. I love snow. How about you? G: I like <u>summer</u>. B: Why? G: Because I can enjoy <u>water</u> sports.	소녀: Mike, 네가 가장 좋아하는 계절은 무엇이니? 소년: 겨울이야. 나는 눈을 좋아해. 너는? 소녀: 나는 여름을 좋아해. 소년: 왜? 소녀: 왜냐하면 수상 스포츠를 즐길 수 있으니까.

정답	JUMP UP 받아쓰기(스크립트)	해석

04 ④ 여자아이가 오렌지 주스가 좋다고 하자 남자아이도 같은 걸로 한다고 했으므로 두 사람이 마실 음료는 오렌지 주스이다.
· hot 더운
· same 똑같은

G: It's very hot today.
B: Let's drink something <u>cold</u>. How about a cola?
G: I don't like cola that much. I like orange <u>juice</u>.
B: Okay. I'll have the <u>same</u>.

소녀: 오늘 정말 덥다.
소년: 시원한 뭔가를 마시자. 콜라 어떠니?
소녀: 나는 콜라를 그렇게 많이 좋아하지 않아. 나는 오렌지 주스가 좋아.
소년: 알겠어. 나도 같은 걸로 할게.

---

05 ② 캠핑이 어땠는지 묻는 질문에 비가 하루 종일 와서 별로 좋지 않았다는 응답이 자연스럽다.
· camping 캠핑
· all day 하루 종일
· toy car 장난감 자동차
· interesting 흥미로운

① B: How do you go to school?
  G: I go to school by 8.
② B: How was your camping?
  G: Not so good. It <u>rained</u> all day.
③ B: Where is your mom?
  G: I'm <u>cooking</u> now.
④ B: Look! There are many <u>toy</u> cars.
  G: The movie was interesting.

① 소년: 너는 학교에 어떻게 가니?
  소녀: 나는 8시까지 학교에 가.
② 소년: 너의 캠핑은 어땠니?
  소녀: 별로 좋지 않았어. 하루 종일 비가 왔어.
③ 소년: 너의 엄마는 어디 계시니?
  소녀: 나는 지금 요리를 하고 있어.
④ 소년: 봐! 장난감 자동차가 많이 있어.
  소녀: 그 영화는 재미있었어.

---

06 ③ 여자아이가 짐을 많이 들고 있어 문을 열 수 없는 상황이어서 남자아이에게 도움을 요청하고 있다.
· taxi 택시
· open 열다
· window 창문

① G: Can I <u>help</u> you?
② G: Can you <u>call</u> a taxi?
③ G: Can you open the <u>door</u>?
④ G: Can I open the window?

① 소녀: 내가 도와줄까?
② 소녀: 택시를 불러 줄 수 있니?
③ 소녀: 문을 열어 줄 수 있니?
④ 소녀: 창문을 열어도 될까?

---

07 ④ 여자아이가 자원봉사 활동으로 어린이 병원에 간다고 하니 남자아이도 함께하기로 했다.
· children's hospital 어린이 병원
· volunteer 자원봉사
· join 함께 하다

B: Lisa, what will you do tomorrow?
G: I'll go to the children's <u>hospital</u> for some volunteer work.
B: What do you do there?
G: I read <u>books</u> to the children.
B: That's great. Can I <u>join</u> you?
G: Sure.

소년: Lisa, 내일 무엇을 할 거니?
소녀: 나는 자원봉사 활동을 위해 어린이 병원에 갈 거야.
소년: 그곳에서 무엇을 하니?
소녀: 나는 아이들에게 책을 읽어 줘.
소년: 그것 좋구나. 내가 함께해도 되니?
소녀: 물론이야.

---

08 ② 영화를 보러 가자는 제안에 수학 시험을 위해 공부해야 한다고 거절하고 있다.
· see a movie 영화를 보다
· after school 방과 후
· test 시험

G: Jinsu, why don't we see a <u>movie</u> after school?
B: Sorry, I can't. I should <u>study</u> for the math test.
G: When is the <u>test</u>?
B: It's tomorrow.

소녀: 진수야, 우리 방과 후에 영화를 보러 갈까?
소년: 미안하지만, 나는 못 가. 나는 수학 시험을 위해 공부해야 해.
소녀: 시험이 언제야?
소년: 내일이야.

---

09 ③ 서울에서 부산까지 걸리는 시간을 묻고 있으므로 It takes 시간(~시간 걸리다)으로 답하는 것이 알맞다.
· about 약, 대략
· on time 제시간

M: How <u>long</u> does it take from Seoul to Busan?
W: _____

남: 서울에서 부산까지 얼마나 걸리나요?
여: _____
① 그건 3시에 도착합니다.
② 그건 3미터 길이입니다.
③ 약 4시간 걸립니다.
④ 당신은 제시간에 그곳에 도착할 수 있습니다.

정답	JUMP UP 받아쓰기(스크립트)	해석

10 ① 남자아이가 찾는 것은 무당벌레로 녹색 잎을 가진 빨간색 꽃 위에 있다고 했다.
- ladybug 무당벌레
- leaves leaf(잎)의 복수형
- cute 귀여운

W: Look! There is a ladybug!
B: Oh, I want to see it, too. Where is it?
W: It's on the red flower.
B: I can't see it well. Where?
W: It's on the red flower with green leaves.
B: Now I see it. It's so cute.

여자: 봐! 무당벌레가 있어!
소년: 오, 저도 보고 싶어요. 그게 어디 있나요?
여자: 빨간색 꽃 위에 있어.
소년: 잘 보이지 않아요. 어디요?
여자: 녹색 잎을 가진 빨간색 꽃 위에 있어.
소년: 이제 보여요. 정말 귀엽네요.

---

11 ① 남자아이는 춤 동아리에 가입하고 싶다고 했다.
- club 동아리
- gardening 정원 가꾸기
- hip-hop 힙합

B: What club do you want to join?
G: I'm thinking about the gardening club.
B: Sounds good. I want to join the dance club.
G: I like your hip-hop dancing. You'll do great.

소년: 너는 어떤 동아리에 가입하고 싶니?
소녀: 나는 정원 가꾸기 동아리를 생각 중이야.
소년: 좋은 생각이야. 나는 춤 동아리에 가입하고 싶어.
소녀: 나는 너의 힙합 춤을 좋아해. 너는 잘할 거야.

---

12 ③ 여자아이는 아침 식사를 하지 않았다고 했다.
- fever 열
- runny nose 콧물
- cold 감기
- breakfast 아침 식사
- medicine 약

G: Mr. Jackson, I have a fever and a runny nose.
M: You have a bad cold. Did you have breakfast?
G: No, I didn't.
M: Then have lunch and then take this medicine.
G: Okay. Thank you.

소녀: Jackson 선생님, 저는 열이 있고 콧물이 흘러요.
남자: 심한 감기에 걸렸구나. 아침 식사는 했니?
소녀: 아니요, 안 했어요.
남자: 그럼 점심 식사 후에 이 약을 먹으렴.
소녀: 알겠어요. 감사합니다.

---

13 ④ 겨울에 목 주위에 둘러 따뜻하게 해 주는 길고 부드러운 것은 목도리이다.
- usually 보통
- soft 부드러운
- around ~ 주변에
- neck 목
- warm 따뜻한

W: This is usually long and soft. You use this a lot in winter. You can put this around your neck. Then, this will keep you warm.

여자: 이것은 보통 길고 부드럽다. 당신은 이것을 겨울에 많이 사용한다. 당신은 이것을 목 주위에 두를 수 있다. 그러면, 이것은 당신을 따뜻하게 유지해 줄 것이다.

---

14 ① 여동생[누나]을 위한 컵케이크를 고르는 상황이다.
- cupcake 컵케이크
- fruit 과일

W: Hello. May I help you?
B: Yes, please. I'm looking for a cupcake for my sister.
W: How about this fruit cupcake? It just came out.
B: It looks delicious. I'll take it.

여자: 안녕하세요. 도와드릴까요?
소년: 네. 저는 제 여동생[누나]을 위한 컵케이크를 찾고 있어요.
여자: 이 과일 컵케이크 어떤가요? 지금 막 나왔어요.
소년: 맛있어 보이네요. 그것을 살게요.

---

15 ④ 파란색 배낭의 주머니 (3개)가 빨간색 배낭의 주머니 (1개)보다 많다.
- backpack 배낭
- cheap 저렴한
- pocket 주머니

① M: The green backpack is 15 dollars.
② M: The red backpack is bigger than the blue backpack.
③ M: The blue backpack is cheaper than the red backpack.
④ M: The blue backpack has more pockets than the red backpack.

① 남자: 녹색 배낭은 15달러이다.
② 남자: 빨간색 배낭은 파란색 배낭보다 더 크다.
③ 남자: 파란색 배낭은 빨간색 배낭보다 더 저렴하다.
④ 남자: 파란색 배낭은 빨간색 배낭보다 주머니가 더 많다.

정답	JUMP UP 받아쓰기(스크립트)	해석

16 ② 쇼핑하러 가기로 한 두 사람은 버스 정류장에서 2시에 만나기로 했다.
- shopping 쇼핑
- clothes 옷
- bus stop 버스 정류장

B: Let's go shopping. I need some new clothes.
G: Okay. What time do you want to go?
B: How about at two?
G: Sounds good.
B: See you at the bus stop at two.
G: Okay.

소년: 우리 쇼핑을 가자. 나는 새 옷이 좀 필요해.
소녀: 좋아. 몇 시에 갈까?
소년: 2시 어때?
소녀: 좋아.
소년: 버스 정류장에서 2시에 만나자.
소녀: 알았어.

---

17 ② 여자아이는 보통 도서관에 가지만 이번 주 토요일은 수영하러 간다고 했다.
- on Saturdays 토요일마다
- library 도서관

G: Kevin, what do you do on Saturdays?
B: I play soccer with my dad. How about you?
G: I usually go to the library. But I'll go swimming this Saturday.
B: That sounds fun. Have a great time.

소녀: Kevin, 너는 토요일마다 무엇을 하니?
소년: 나는 아빠랑 축구를 해. 너는?
소녀: 나는 보통 도서관에 가. 그런데 이번 토요일에는 수영하러 갈 거야.
소년: 재미있겠다. 좋은 시간 보내.

---

18 ④ 무엇을 입고 있는지 물었으므로 옷차림에 관한 응답이 오는 것이 알맞다.
- curly 곱슬곱슬한
- wear 입다
- uncle 삼촌
- jeans 청바지

G: I'm looking for my little brother, Eric.
B: What does he look like?
G: He has short, curly hair.
B: What is he wearing?
G: _____

소녀: 나는 내 남동생, Eric을 찾고 있어.
소년: 그는 어떻게 생겼니?
소녀: 그는 짧은 곱슬머리를 가지고 있어.
소년: 그는 무엇을 입고 있니?
소녀: _____
① 그는 나의 삼촌이야.
② 그는 우리 집 근처에 살아.
③ 그는 짧은 갈색 머리를 가지고 있어.
④ 그는 검정색 셔츠와 청바지를 입고 있어.

---

19 ① 몇 시에 잠들었는지 묻는 질문에 새벽 1시쯤 잠들었다고 응답하는 것이 알맞다.
- tired 피곤한
- stay up 깨어 있다
- neighbor 이웃
- loudly 크게, 시끄럽게
- fall asleep 잠들다

W: Jake, you look so tired.
M: Yeah, I stayed up late last night.
W: Why?
M: My neighbor played music loudly. I couldn't sleep.
W: That's bad. What time did you fall asleep?
M: _____

여자: Jake, 너 매우 피곤해 보여.
남자: 맞아, 나는 어젯밤 늦게까지 깨어 있었어.
여자: 왜?
남자: 내 이웃이 음악을 크게 연주했거든. 나는 잠을 잘 수가 없었어.
여자: 그거 안됐구나. 몇 시에 잠들었니?
남자: _____
① 나는 새벽 1시쯤에 잠들었어.
② 나는 어제 음악을 들었어.
③ 나는 내 이웃과 함께 음악을 연주했어.
④ 나는 아침 7시에 일어났어.

---

20 ① 매일 아침 식사를 하는지 묻는 질문에 저녁으로 스테이크를 요리했다는 응답은 알맞지 않다.
- early 이른
- breakfast 아침 식사
- steak 스테이크
- pancake 팬케이크
- tea 차
- meal 식사

B: What time do you usually get up, Jisu?
G: I get up at seven.
B: Wow. That's early. Do you have breakfast every day?
G: _____

소년: 지수야, 너는 보통 몇 시에 일어나니?
소녀: 나는 7시에 일어나.
소년: 우와. 이르다. 너는 매일 아침 식사를 하니?
소녀: _____
① 나는 저녁으로 스테이크를 요리했어.
② 응. 나는 아침 식사로 팬케이크를 먹는 것을 좋아해.
③ 아니. 나는 아침에 그냥 따뜻한 차를 마셔.
④ 물론이야. 아침 식사는 내가 하루 중 가장 좋아하는 식사야.

01 ①　02 ①　03 ③　04 ④　05 ②

정답	스크립트	해석
01 ① 남자아이는 빌려준 이어폰이 필요해서 준하를 찾고 있다. ・bakery 빵집 ・bread 빵 ・earphone 이어폰 ・need 필요하다 ・wait 기다리다	B: Mom, where is Junha? W: He went to the bakery for some bread. Why? B: I gave him my earphones, but I need them now. W: Oh, he will be back soon. B: Okay. I'll wait for him in his room.	소년: 엄마, 준하 어디에 있어요? 여자: 그는 빵을 좀 사러 빵집에 갔어. 왜 그러니? 소년: 그에게 제 이어폰을 빌려줬는데 지금 그게 필요해서요. 여자: 오, 그는 곧 돌아올 거야. 소년: 알겠어요. 그의 방에서 기다릴게요.
02 ① 여자아이는 꽃 사는 것을 잊어버려서 내일 아침에 사러 가기로 했다. ・pretty 예쁜 ・tea cup 찻잔 ・forgot forget(잊다)의 과거형 ・buy 사다	B: Ginny, did you buy Mom's birthday gift? G: Yes. I bought a pretty tea cup. B: Good. How about flowers? G: Oh, no. I forgot. The flower shop must be closed now. B: How about buying them tomorrow in the morning? G: Okay. I will.	소년: Ginny, 엄마의 생일 선물을 샀니? 소녀: 응. 나는 예쁜 찻잔을 샀어. 소년: 좋아. 꽃은? 소녀: 오, 안 돼. 잊어버렸어. 꽃집은 지금 틀림없이 문 닫았을 거야. 소년: 그걸 내일 아침에 사는 게 어때? 소녀: 알겠어. 그럴게.
03 ③ 여자아이는 도서관 카드를 찾을 수 없어서 대출을 할 수가 없는 상황이다. ・check out (책을) 대출하다 ・own 자신의 ・for a while 잠시 동안 ・shelf 선반	G: Excuse me. I want to check out these books. M: Sure. Can I have your library card? G: Hmm... I can't find it in my bag. M: I'm sorry. You must have your own card. G: Okay. Please keep these books here for a while. M: I'll put them on this shelf. G: Thanks. I'll go home and come back with my card.	소녀: 실례합니다. 저는 이 책들을 대출하고 싶어요. 남자: 물론이지요. 도서관 카드 주시겠어요? 소녀: 흠… 제 가방 안에서 찾을 수가 없어요. 남자: 죄송합니다. 본인 카드를 꼭 가지고 있어야 해요. 소녀: 알겠어요. 잠시 동안 이 책들을 여기에 맡아 주세요. 남자: 그것들을 이 선반에 둘게요. 소녀: 감사합니다. 집에 가서 제 카드를 가지고 돌아올게요.
04 ④ 내일 무엇을 할 예정인지 묻는 질문에 지금 체육관에 가는 중이라는 응답은 알맞지 않다. ・try on 입어 보다 ・film 영화 ・jogging 조깅 ・twice 두 번 ・gym 체육관	① M: Can I try this on? 　W: Sure. Go ahead. ② M: What do you think of the new film? 　W: I think it's funny. ③ M: How often do you go jogging? 　W: Twice a week. ④ M: What are you going to do tomorrow? 　W: I'm going to the gym now. ⑤ M: How many pens do you have? 　W: I have five.	① 남자: 이것을 입어 봐도 되나요? 　여자: 물론이지요. 그렇게 하세요. ② 남자: 그 새로운 영화에 대해 어떻게 생각하세요? 　여자: 재밌다고 생각해요. ③ 남자: 조깅을 얼마나 자주 해요? 　여자: 일주일에 두 번이요. ④ 남자: 내일 무엇을 할 예정이에요? 　여자: 지금 체육관에 가는 중이에요. ⑤ 남자: 펜을 몇 개나 가지고 있나요? 　여자: 5개가 있어요.
05 ② 영화의 시작 시각은 3시 20분이다.	B: Can I walk around the mall? W: Yes. We have some time. I'll get some	소년: 쇼핑몰을 돌아다녀도 괜찮을까요? 여자: 응. 우리는 시간이 좀 있어. 나는 커피 좀 마실게.

정답	스크립트	해석
• walk around 돌아다니다 • mall 쇼핑몰 • start 시작하다	coffee. B: When does the movie start? W: The movie starts at 3:20. We have 40 minutes. B: Okay.	소년: 영화가 몇 시에 시작하나요? 여자: 영화는 3시 20분에 시작해. 우리는 40분이 있어. 소년: 알겠어요.

FLY UP

본문 76~77쪽

01 Would you like some cake? / 너 케이크 좀 먹을래?

02 What is your favorite season? / 네가 가장 좋아하는 계절은 무엇이니?

03 I play soccer with my dad. / 나는 아빠와 축구를 해.

04 What does he look like? / 그는 어떻게 생겼니?

05 I get up at seven. / 나는 7시에 일어나.

06 How was the science contest? / 과학 경연 대회는 어떻게 되었니?

07 Can you open the door? / 너는 문을 열어 줄 수 있니?

08 It takes about four hours. / 약 4시간 정도 걸린다.

09 What club do you want to join? / 너는 어떤 동아리에 가입하고 싶니?

10 I should study for the math test. / 나는 수학 시험을 위해 공부해야 해.

SPEAK UP

본문 78쪽

01 What does he look like?

02 How was the English test?

03 It takes about four hours.

04 What club do you want to join?

05 I get up at seven.

06 I play soccer with my dad.

07 I should study for the math test.

Listen & Speak Up 6

WARM UP

A　01　weekend, 주말　02　hospital, 병원　03　space, 우주　04　post office, 우체국
　　05　order, 주문, 주문하다　06　take a picture, 사진을 찍다　07　writer, 작가
　　08　delicious, 맛있는　09　vegetable, 채소, 야채　10　expensive, 비싼

B　01　weekend　02　hospital　03　delicious　04　post office　05　vegetable
　　06　picture　07　writer　08　space　09　order　10　expensive

LISTEN UP　JUMP UP

LISTEN UP　듣기평가 모의고사 6

01 ④	02 ②	03 ④	04 ③	05 ①	06 ①	07 ③	08 ④	09 ④	10 ④
11 ③	12 ④	13 ③	14 ④	15 ③	16 ①	17 ②	18 ④	19 ②	20 ②

정답	JUMP UP 받아쓰기(스크립트)	해석
01 ④ 남자아이가 농장에서 일하고 있다. · usually 보통, 대개 · Sundays 일요일마다 · cooking club 요리 동아리 · Saturdays 토요일마다 · farm 농장	① G: What are you going to do this <u>weekend</u>? 　B: I usually go to the <u>park</u>. ② G: What do you do on Sundays? 　B: I play soccer on <u>Sundays</u>. ③ G: Let's go to the park this weekend. 　B: Sorry, but I go to my cooking club. ④ G: What do you do on Saturdays? 　B: I go to the farm on Saturdays.	① 소녀: 너는 이번 주말에 무엇을 할 거니? 　소년: 나는 보통 공원에 가. ② 소녀: 너는 일요일마다 무엇을 하니? 　소년: 나는 일요일마다 축구를 해. ③ 소녀: 이번 주말에 공원에 가자. 　소년: 미안해, 하지만 나는 요리 동아리에 가. ④ 소녀: 토요일마다 너는 무엇을 하니? 　소년: 나는 토요일마다 농장에 가.
02 ② 허락을 요청하는 것은 화장실에 가도 되냐고 묻는 대화이다. · cheer up 기운을 내다 · restroom 화장실 · won win(이기다)의 과거형 · score 득점하다 · Congratulations! 축하해(요)!	① B: I can't <u>swim</u> well. 　G: Cheer up. You can do it. ② B: May I go to the <u>restroom</u>? 　G: Yes, you may. Go ahead. ③ B: My sister is sick. She's in the <u>hospital</u>. 　G: Oh, that's too bad. ④ B: I won the soccer game. I scored two goals. 　G: Congratulations! You did really well.	① 소년: 나는 수영을 잘 못 해. 　소녀: 힘내. 넌 할 수 있어. ② 소년: 화장실에 가도 되니? 　소녀: 응. 돼. 어서 가. ③ 소년: 내 여동생[누나]이 아파. 그녀는 병원에 있어. 　소녀: 오, 그거 참 안됐다. ④ 소년: 나는 축구 경기에서 이겼어. 내가 두 골을 넣었어. 　소녀: 축하해! 너 정말 잘했다.
03 ④ 신발의 가격을 묻고, 사이즈를 확인하고 있으므로, 두 사람의 관계는 손님과 신발 가게 점원이다. · boots 부츠 · size 크기	G: Excuse me. <u>How</u> much are these boots? M: They're twenty dollars. What size do you <u>want</u>? G: I want large ones. Can I try them on? M: <u>Sure</u>. Go ahead.	소녀: 실례합니다. 이 부츠는 얼마인가요? 남자: 그것들은 20달러입니다. 어떤 사이즈를 원하세요? 소녀: 저는 큰 것을 원해요. 제가 신어 봐도 될까요? 남자: 물론이죠. 그렇게 하세요.

정답	JUMP UP 받아쓰기(스크립트)	해석

- large (사이즈가) 큰
- try on 시도하다, 신어 보다

04 ③ 남자아이는 여름 방학에 우주 캠프에서 별에 대해 배울 거라고 했다.
- summer 여름
- attend 참가하다, 출석하다
- space 우주
- learn 배우다
- star 별

G: What will you do this summer, Junho?
B: I will attend a space camp.
G: Really? Me, too. What will you do there?
B: I'll learn about stars.
G: Let's watch 3D movies about space, too. It will be fun.

소녀: 너는 이번 여름에 무엇을 할 거니, 준호야?
소년: 난 우주 캠프에 참여할 거야.
소녀: 정말? 나도 그래. 너는 거기서 무엇을 할 거니?
소년: 나는 별에 대해 배울 거야.
소녀: 우주에 관한 3D 영화들도 보자. 재미있을 거야.

05 ① 어디에서 왔냐고 묻고 있으므로, 영국에서 왔다고 응답하는 것이 알맞다.
- the U.K. 영국
- house 집
- post office 우체국
- go shopping 쇼핑하러 가다

W: Where are you from, Tom?
B: _____

① B: I'm from the U.K.
② B: I live in that house.
③ B: I go to the post office.
④ B: I'll go shopping with my mom.

여자: 너는 어디에서 왔니, Tom?
소년: _____

① 소년: 저는 영국에서 왔어요.
② 소년: 저는 저 집에서 살아요.
③ 소년: 저는 우체국에 가요.
④ 소년: 저는 엄마와 쇼핑하러 갈 거예요.

06 ① 남자아이가 미술관의 그림 앞에서 사진기를 들고 있으므로, 사진을 찍어도 되냐고 질문할 것이다.
- take a picture 사진을 찍다
- fly a kite 연을 날리다
- order 주문, 주문하다

① B: May I take a picture?
② B: May I fly a kite?
③ B: May I take your order?
④ B: May I use your phone?

① 소년: 사진을 찍어도 되나요?
② 소년: 연을 날려도 되나요?
③ 소년: 주문하시겠어요?
④ 소년: 당신의 전화를 사용해도 되나요?

07 ③ 두 사람은 무엇이 되고 싶은지 장래 희망에 관해 이야기를 나누고 있다.
- writer 작가
- favorite 가장 좋아하는
- interesting 흥미로운
- like ~처럼, ~같이

B: Linh, what do you want to be?
G: I want to be a writer.
B: Who is your favorite writer?
G: Agatha Christie. I want to write interesting stories like her.
B: That's great.

소년: Linh, 너는 무엇이 되고 싶니?
소녀: 나는 작가가 되고 싶어.
소년: 네가 가장 좋아하는 작가는 누구니?
소녀: 아가사 크리스티야. 나는 그녀처럼 흥미로운 이야기들을 쓰고 싶어.
소년: 훌륭해.

08 ④ 남자아이는 주말에 가족들과 소풍을 가서 맛있는 음식을 먹었다고 했다.
- visit 방문하다
- food festival 음식 축제
- go on a picnic 소풍을 가다
- delicious 맛있는

G: Minho, how was your weekend?
B: It was really great. I visited my uncle in Daegu.
G: Did you go to the food festival there?
B: No, I went on a picnic and ate delicious food with my family.

소녀: 민호야, 너의 주말은 어땠니?
소년: 정말 좋았어. 나는 대구에 있는 삼촌댁을 방문했어.
소녀: 너는 거기서 음식 축제에 갔니?
소년: 아니, 나는 소풍을 가서 우리 가족들과 맛있는 음식을 먹었어.

09 ④ 몇 시에 문을 닫는지 묻고 있으므로, 문을 닫는 시각을 대답하는 것이 알맞다.

B: What time do you close on Sunday?
W: _____

소년: 일요일에 몇 시에 문을 닫나요?
여자: _____

① 너무 늦었어요. 서둘러요.

정답	JUMP UP 받아쓰기(스크립트)	해석

* close 닫다
* late 늦은
* window 창문

② 우리는 창문을 닫았어요.
③ 저는 10시에 가게로 가요.
④ 우리는 저녁 6시에 닫아요.

10 ④ 여자는 지금 식당에서 주문을 받고 있는 상황이다.
* how to cook 요리하는 법
* take a picture 사진을 찍다
* pass 건네다

① W: Can you tell me how to cook?
② W: May I take a picture?
③ W: Would you pass me the salt?
④ W: May I take your order?

① 여자: 저에게 요리하는 법을 가르쳐 줄 수 있나요?
② 여자: 사진을 찍어도 되나요?
③ 여자: 저에게 소금을 건네주시겠어요?
④ 여자: 주문하시겠어요?

11 ③ 두 사람은 공원에서 오후 6시에 만나기로 했다.
* How about ~? ~는 어때?
* after school 방과 후
* meet 만나다
* then 그때

B: Jisu, how about playing badminton together after school?
G: Sounds good. What time shall we meet?
B: Let's meet at the park at 4:00 p.m.
G: Sorry, but I have a piano lesson then. How about 6:00 p.m.?
B: Okay. See you then.

소년: 지수야, 방과 후에 함께 배드민턴 치는 게 어때?
소녀: 좋아. 우리 몇 시에 만날까?
소년: 공원에서 오후 4시에 만나자.
소녀: 미안해, 하지만 나는 그때 피아노 수업이 있어. 오후 6시는 어때?
소년: 좋아. 그때 보자.

12 ④ 남자아이는 미술을 좋아하고, 여자아이는 체육을 좋아한다고 했다.
* draw a picture 그림을 그리다
* art class 미술 수업
* subject 과목

G: Jiho, what are you doing here?
B: I'm drawing a picture. I draw pictures here every day.
G: Do you like art class?
B: Yes. My favorite subject is art. How about you?
G: I like P.E.

소녀: 지호야, 너는 여기서 무엇을 하고 있니?
소년: 나는 그림을 그리고 있어. 나는 매일 여기서 그림을 그려.
소녀: 너는 미술 수업을 좋아하니?
소년: 응. 내가 가장 좋아하는 과목은 미술이야. 너는 어떠니?
소녀: 나는 체육을 좋아해.

13 ③ 방에는 둥근 탁자 1개와 소파 2개가 있다.
* welcome 환영하다
* round 둥근
* table 탁자
* sofa 소파

G: Welcome to my house. This is my room.
B: Wow. There is a round table in the room.
G: Yes, come and sit. There are two sofas, too.
B: What a nice room! I like your room.
G: Thank you.

소녀: 우리 집에 온 것을 환영해. 여기는 내 방이야.
소년: 와. 방에 둥근 탁자가 있네.
소녀: 응, 와서 앉아. 소파도 2개 있어.
소년: 정말 멋진 방이다! 나는 네 방이 좋아.
소녀: 고마워.

14 ④ 두 사람은 이번 여름에 무엇을 할 것인지에 대해 이야기를 나누고 있다.
* bike 자전거
* tour 여행
* beach 해변

B: Kate, what will you do this summer?
G: I will take a bike tour with my family. How about you?
B: I will go to Busan and swim at the beach.
G: Sounds good. Have a great time.
B: You, too.

소년: Kate, 너는 이번 여름에 무엇을 할 거니?
소녀: 나는 우리 가족과 함께 자전거 여행을 할 거야. 너는 어때?
소년: 나는 부산에 가서 해변에서 수영을 할 거야.
소녀: 좋겠다. 좋은 시간 보내.
소년: 너도.

15 ③ 그림에서 남자아이는 소들에게 먹이를 주고 있다.
* grow 기르다
* vegetable 채소, 야채
* wash 씻기다
* feed 먹이를 주다

① M: The boy is growing vegetables.
② M: The boy is washing the dog.
③ M: The boy is feeding the cows.
④ M: The boy is taking a robot class.

① 남자: 남자아이는 채소를 기르고 있다.
② 남자: 남자아이는 개를 씻기고 있다.
③ 남자: 남자아이는 소들에게 먹이를 주고 있다.
④ 남자: 남자아이는 로봇 수업을 듣고 있다.

정답	JUMP UP 받아쓰기(스크립트)	해석

16 ① 여자아이는 목도리를 13달러에 구입하겠다고 했다.
- something 어떤 것, 무엇인가
- scarf 목도리
- expensive 비싼
- how much (값이) 얼마

M: May I help you?
G: Yes, please. I want to buy something for my mom.
M: What about a scarf? It's thirty dollars.
G: It's too expensive. How much is this pink one?
M: It's thirteen dollars.
G: Okay. I'll take it.

남자: 도와드릴까요?
소녀: 네, 그렇게 해 주세요. 저는 엄마를 위한 무언가를 사고 싶어요.
남자: 목도리는 어떤가요? 30달러예요.
소녀: 그것은 너무 비싸요. 이 분홍색은 얼마인가요?
남자: 그것은 13달러예요.
소녀: 좋아요. 전 그것을 살게요.

---

17 ② 여자아이가 찾고 있는 가방은 초록색에 큰 별이 하나 있고, 주머니가 2개 있다.
- look for ~을 찾다
- look like ~처럼 보이다, 생기다
- pocket 주머니
- check 확인, 확인하다

G: I'm looking for my bag. Can you help me?
B: Sure. What does it look like?
G: It is green and has a big star.
B: Does it have a yellow ribbon?
G: No, it doesn't. It has two pockets.
B: There is something on the chair. Let's go and check.

소녀: 난 내 가방을 찾고 있어. 날 도와줄 수 있니?
소년: 물론이야. 그것은 어떻게 생겼니?
소녀: 초록색이고 큰 별이 하나 있어.
소년: 노란 리본이 있니?
소녀: 아니, 그렇지 않아. 그것은 주머니가 2개 있어.
소년: 의자 위에 무언가가 있네. 가서 확인해 보자.

---

18 ④ 앉아도 되냐고 물어봤으므로, 허락하는 내용이 응답으로 알맞다.
- quiet 조용한
- museum 박물관
- enjoy 즐기다
- sit 앉다

W: Everyone, please be quiet in the museum.
B: Ms. Brown, may I take pictures?
W: No, you may not. Sorry. Just enjoy the pictures with your eyes.
B: Okay. May I sit here?
W: _____

여자: 여러분, 박물관에서는 조용히 해 주세요.
소년: Brown 선생님, 사진을 찍어도 되나요?
여자: 아니요, 안 돼요. 미안해요. 그저 눈으로만 그림들을 즐기세요.
소년: 알겠어요. 여기에 앉아도 되나요?
여자: _____

① 이것은 당신의 것인가요?
② 정말 좋은 자리네요!
③ 네, 당신의 의자가 마음에 들어요.
④ 물론이죠. 그렇게 하세요.

---

19 ② 이집트에서 무엇을 했는지 묻고 있으므로, 많은 사진을 찍었다고 응답하는 것이 알맞다.
- vacation 방학
- travel 여행하다
- there 거기

W: Welcome back to school, Brian.
B: Good morning, Ms. Kelly.
W: How was your vacation? Was it good?
B: Yeah. I traveled to Egypt with my family.
W: What did you do there?
B: _____

여자: 학교로 돌아온 것을 환영해, Brian.
소년: 안녕하세요, Kelly 선생님.
여자: 너의 방학은 어땠니? 좋았니?
소년: 네. 저는 저의 가족과 이집트를 여행했어요.
여자: 너는 거기서 무엇을 했니?
소년: _____

① 저는 인형의 집을 좋아해요.
② 저는 많은 사진을 찍었어요.
③ 저는 귀여운 신발을 살 거예요.
④ 저는 정말로 여행하는 것을 좋아하지 않아요.

---

20 ② 여자아이가 붓이 남자아이의 것이냐고 묻고 있으므로, '물론이지.'라고 말한 다음 네 것이라고 응답하는 것은 알맞지 않다.
- brush 붓, 솔
- whose 누구의

B: Look at the desk. There is something on it.
G: Really? Oh. It's a button.
B: A button? No, it's a brush. Look.
G: Whose brush it that? Is it yours?
B: _____

소년: 책상을 봐. 그 위에 무언가가 있어.
소녀: 진짜? 오. 그것은 단추야.
소년: 단추? 아니야, 그것은 붓이야. 봐.
소녀: 저것은 누구의 붓이지? 그것은 네 것이니?
소년: _____

① 아니. 그것은 진호의 것이야.

정답	JUMP UP 받아쓰기(스크립트)	해석
• yours 너의 것		② 물론이지. 그것은 네 것이야.
		③ 오, 응. 그것은 내 것이야.
		④ 아니. 그것은 수진이의 붓이야.

♪ LISTEN UP   실력 높여 보기

본문 84쪽

01 ②   02 ②   03 ②   04 ⑤   05 ①

정답	스크립트	해석
01 ② 남자아이는 컴퓨터를 빌리기 위해 삼촌을 찾고 있다. • kitchen 주방 • pancake 팬케이크 • join 함께 하다 • borrow 빌리다	B: Hi, Judy. Where is Uncle Sam? G: He's in the kitchen. B: The kitchen? What is he doing there? G: He's making pancakes. Do you want to join him? B: No, I don't. G: Then why are you looking for him? B: I want to borrow his computer.	소년: 안녕, Judy. Sam 삼촌 어디에 계셔? 소녀: 그는 주방에 계셔. 소년: 주방? 그는 거기서 무엇을 하고 있니? 소녀: 그는 팬케이크를 만들고 있어. 너도 그와 함께 하고 싶니? 소년: 아니, 그렇지 않아. 소녀: 그럼 왜 너는 그를 찾고 있는 거야? 소년: 나는 그의 컴퓨터를 빌리고 싶어.
02 ② 여자아이는 내일 친구들과 축구를 할 것이라고 했다. • bike 자전거 • tomorrow 내일 • attend 참석하다, 출석하다 • read 읽다 • soccer 축구	G: Ben, what will you do this Saturday? B: I'm going to ride my bike at the park. G: Then what will you do tomorrow? B: I will attend a book club meeting. I will read many books. What about you? G: I will play soccer with my friends. B: That sounds great.	소녀: Ben, 이번 토요일에 너는 무엇을 할 거니? 소년: 나는 공원에서 자전거를 탈 거야. 소녀: 그럼 너는 내일 무엇을 할 거야? 소년: 나는 독서 동아리 모임에 참석할 거야. 나는 많은 책을 읽을 거야. 너는 어때? 소녀: 나는 내 친구들과 축구를 할 거야. 소년: 그거 멋지네.
03 ② 여자아이는 덥고 화창한 날씨를 좋아해서 여름을 좋아한다고 했다. • outside 밖에 • snowman 눈사람 • cold 감기 • sunny 화창한 • weather 날씨	B: Jenny, it's snowing outside. Let's make a snowman. G: Sorry, but I can't. I have a cold. B: That's too bad. Do you like winter? G: No. I like summer because I like hot and sunny weather. How about you? B: My favorite season is winter.	소년: Jenny, 밖에 눈이 와. 눈사람을 만들자. 소녀: 미안해, 하지만 할 수 없어. 나는 감기 걸렸어. 소년: 그것 참 안됐다. 너는 겨울을 좋아하니? 소녀: 아니. 나는 덥고 화창한 날씨를 좋아해서 여름이 좋아. 넌 어떠니? 소년: 내가 가장 좋아하는 계절은 겨울이야.

04 ⑤ 무엇이 되고 싶은지 장래 희망을 묻는 질문에 주스를 원한다는 응답은 적절하지 않다.
 • fruit 과일
 • pet shop 반려동물 가게
 • Chinese 중국어, 중국인
	① M: May I take your order?
	   G: I'd like a fruit salad and a vegetable pizza.
	 ② M: What will you do this winter?
	   G: I will take skiing lessons.
	 ③ M: Where is the pet shop?
	   G: Go straight and then turn right at the park.
		① 남자: 주문하시겠어요?
		   소녀: 과일 샐러드와 야채 피자 주세요.
		 ② 남자: 너는 이번 겨울에 무엇을 할 거니?
		   소녀: 저는 스키 수업을 받을 거예요.
		 ③ 남자: 반려동물 가게가 어디인가요?
		   소녀: 곧장 가서 공원에서 오른쪽으로 도세요.
		 ④ 남자: 너는 지난여름에 무엇을 했니?
		   소녀: 저는 중국어를 배웠고 만리장성을 방문했어요.

정답	스크립트	해석

④ M: What did you do last summer?
   G: I learned Chinese and visited the Great Wall.
⑤ M: What do you want to be?
   G: I want some juice.

⑤ 남자: 너는 무엇이 되고 싶니?
   소녀: 저는 주스를 좀 원해요.

05 ① 여자아이가 찾는 장소는 곧장 가다가 모퉁이에서 왼쪽으로 돈 후에 있는 병원 옆 건물이다.
• turn left 왼쪽으로 돌다
• corner 모퉁이
• on your right 너의 오른편에
• next to ～ 옆에
• bank 은행

G: Excuse me. How can I get to the ice cream shop?
M: Go straight and then turn left at the corner.
G: Go straight and then turn left?
M: Yes. It's on your right.
G: Is it next to the bank?
M: No. It's next to the hospital.
G: Okay. Thank you very much.

소녀: 실례합니다. 아이스크림 가게에 어떻게 갈 수 있을까요?
남자: 곧장 가다가 모퉁이에서 왼쪽으로 도세요.
소녀: 곧장 가다가 왼쪽으로 돌아요?
남자: 네, 그것은 당신의 오른편에 있어요.
소녀: 그것은 은행 옆에 있나요?
남자: 아니요. 그것은 병원 옆에 있어요.
소녀: 알겠어요. 대단히 감사합니다.

FLY UP

본문 90~91쪽

01 May I go to the restroom? / 제가 화장실에 가도 될까요?

02 They're twenty dollars. / 그것들은 20달러예요.

03 What will you do this summer? / 너는 이번 여름에 무엇을 할 거니?

04 I'm from the U.K. / 나는 영국에서 왔어.

05 How was your weekend? / 너의 주말은 어땠니?

06 What do you do on Sundays? / 너는 일요일마다 무엇을 하니?

07 What do you want to be? / 너는 무엇이 되고 싶니?

08 Let's go to the park this weekend. / 이번 주말에 공원에 가자.

09 I want to be a writer. / 나는 작가가 되고 싶어.

10 I usually go to the park. / 나는 대개 공원에 가.

SPEAK UP

본문 92쪽

01 What do you do on Sundays?

02 I want to be a police officer.

03 I usually go to the park.

04 Let's go to the park this weekend.

05 What will you do this weekend?

06 How much are these sunglasses?

07 May I go to the restroom?

Listen & Speak Up 7

WARM UP

A
01	backpack, 배낭	02	yesterday, 어제	03	aunt, 이모, 고모, 숙모	04	noodle, 국수
05	whose, 누구의	06	bottle, 물병	07	get up, 일어나다	08	subject, 과목
09	glasses, 안경	10	different, 다른				

B
01	backpack	02	glasses	03	aunt	04	noodle	05	get up	06	bottle
07	Whose	08	subject	09	yesterday	10	different				

LISTEN UP · JUMP UP

LISTEN UP 듣기평가 모의고사 7

01 ③	02 ③	03 ②	04 ③	05 ①	06 ③	07 ②	08 ③	09 ③	10 ②
11 ③	12 ②	13 ③	14 ④	15 ①	16 ③	17 ④	18 ①	19 ③	20 ②

정답	JUMP UP 받아쓰기(스크립트)	해석
01 ③ 그림에서 남자아이는 하이킹 가는 장면을 떠올리고 있다. • where 어디에 • backpack 배낭 • together 함께 • bought buy(사다)의 과거형	① G: Where is my <u>backpack</u>? 　B: I don't know. ② G: Let's go <u>camping</u> together. 　B: Sorry, I can't. ③ G: What do you want to do? 　B: I want to go hiking. ④ G: What did you do <u>yesterday</u>? 　B: I bought a cap.	① 소녀: 내 배낭이 어디 있지? 　소년: 나는 몰라. ② 소녀: 함께 캠핑하러 가자. 　소년: 미안하지만, 난 할 수 없어. ③ 소녀: 너는 무엇을 하고 싶니? 　소년: 나는 하이킹을 가고 싶어. ④ 소녀: 너는 어제 무엇을 했니? 　소년: 나는 모자를 샀어.
02 ③ 할머니가 편찮으시다는 말에 '그 말을 들으니 유감이야.'라는 표현으로 위로를 건네고 있다. • tomorrow 내일 • homework 숙제 • sick 아픈	① B: Let's play <u>soccer</u> tomorrow. 　G: Sorry, I can't. I have to do my homework. ② B: Where is the <u>hospital</u>? 　G: Go straight and then turn left. ③ B: My <u>grandmother</u> is sick. 　G: I'm sorry to hear that. Cheer up. ④ B: Happy birthday. This is for you. 　G: Thank you for coming.	① 소년: 내일 축구하자. 　소녀: 미안하지만, 난 할 수 없어. 나는 내 숙제를 해야 해. ② 소년: 병원이 어디니? 　소녀: 곧장 가서 왼쪽으로 돌아. ③ 소년: 우리 할머니께서 편찮으셔. 　소녀: 그 말을 들으니 유감이야. 힘내. ④ 소년: 생일 축하해. 이것은 널 위한 거야. 　소녀: 와 줘서 고마워.
03 ② 여자아이는 자신의 이모에 대해 남자아이에게 이야기하고 있다. • picture 그림, 사진 • aunt 이모, 고모, 숙모 • nurse 간호사	G: Look at this <u>picture</u>. This is my family. B: Is this your mom? G: No, she's my <u>aunt</u>. B: She's very tall. What does she do? G: She's a <u>nurse</u>. She works at a hospital.	소녀: 이 사진을 봐. 이건 우리 가족이야. 소년: 이 분은 네 엄마니? 소녀: 아니, 그녀는 우리 이모야. 소년: 키가 매우 크시네. 그녀는 무슨 일을 하시니? 소녀: 그녀는 간호사야. 병원에서 일하셔.

정답	JUMP UP 받아쓰기(스크립트)	해석

04 ③ 남자아이는 자신이 야채를 좋아하지 않아서 피자 대신 국수를 먹겠다고 했다.
- make 만들다
- hungry 배고픈
- try 시도하다, 먹어 보다
- noodle 국수

B: Mom, what are you doing?
W: I'm making a pizza.
B: I'm very <u>hungry</u>. Can I try it?
W: Sure. This is a <u>vegetable</u> pizza.
B: Oh, no. I don't like vegetables. I will just eat <u>noodles</u>.

소년: 엄마, 무엇을 하고 계세요?
여자: 피자를 만들고 있어.
소년: 저 너무 배고파요. 그걸 먹어 봐도 돼요?
여자: 물론이지. 이것은 야채 피자야.
소년: 오, 안 돼요. 저는 야채를 좋아하지 않아요. 그냥 국수를 먹을래요.

---

05 ① 이름 철자를 묻는 질문에 철자를 하나씩 답하는 것이 알맞다.
- spell 철자를 말하다
- know 알다
- nickname 별명

W: Ryan, how do you spell your <u>name</u>?
B: _____

① B: R-Y-A-N.
② B: I didn't <u>know</u> that.
③ B: I'm <u>twelve</u> years old.
④ B: I don't have a nickname.

W: Ryan, 네 이름 철자가 어떻게 되니?
B: _____

① 소년: R-Y-A-N이에요.
② 소년: 저는 그것을 몰랐어요.
③ 소년: 저는 12살이에요.
④ 소년: 저는 별명이 없어요.

---

06 ③ 여자아이는 배달 앱을 통해 음식을 주문하려고 한다.
- delivery 배달
- app. 애플리케이션 (application의 줄임말)
- grocery 식료품
- order 주문하다

B: Judy, <u>what</u> are you doing?
G: I'm looking at a delivery app.
B: Are you going to do some grocery <u>shopping</u>?
G: No, I'm not.
B: Then what are you going to do?
G: I will order some <u>food</u>.

소년: Judy, 너는 무엇을 하고 있니?
소녀: 난 배달 앱을 보고 있어.
소년: 너는 식료품 쇼핑을 좀 하려고 하니?
소녀: 아니, 그렇지 않아.
소년: 그럼 무엇을 하려고 하니?
소녀: 나는 음식을 좀 주문할 거야.

---

07 ② 여자아이의 잃어버린 책에 대해 이야기를 나누고 있다.
- title 제목
- favorite 가장 좋아하는
- worry 걱정하다

B: You look <u>sad</u>. What's wrong?
G: I lost my <u>book</u>.
B: Oh, what's the title of the book?
G: It's *Snow White*. It's my <u>favorite</u> book.
B: Don't worry. Let's look for it together.
G: Thank you.

소년: 너 슬퍼 보여. 뭐가 문제니?
소녀: 나는 내 책을 잃어버렸어.
소년: 오, 그 책의 제목이 뭐니?
소녀: 'Snow White'야. 그것은 내가 가장 좋아하는 책이야.
소년: 걱정하지 마. 함께 찾아보자.
소녀: 고마워.

---

08 ③ 두 사람은 만들려고 하는 케이크의 재료인 딸기를 사러 갈 것이다.
- cake 케이크
- strawberry 딸기

G: Tomorrow is Dad's <u>birthday</u>.
B: Oh, right! I want to make a <u>cake</u> for him.
G: Let's make one together.
B: That's a great idea. What <u>fruit</u> does he like?
G: He likes strawberries. So let's make a strawberry cake.
B: Okay! But we don't have strawberries. Let's go and buy some.

소녀: 내일은 아빠의 생신이야.
소년: 오, 맞아! 나는 그를 위해 케이크를 만들고 싶어.
소녀: 함께 하나 만들자.
소년: 좋은 생각이야. 그는 어떤 과일을 좋아해?
소녀: 그는 딸기를 좋아해. 그러니까 딸기 케이크를 만들자.
소년: 좋아! 하지만 우린 딸기가 없어. 가서 좀 사 오자.

---

09 ③ 누구의 물병인지 질문했으므로, Brian의 것이라는 응답이 이어지는 게 알맞다.
- whose 누구의
- bottle 물병
- thirsty 목마른

B: Look. <u>Whose</u> bottle is that?
G: _____

① G: Here it is.
② G: I'm <u>thirsty</u>.
③ G: It's Brian's.
④ G: I can't find my <u>bottle</u>.

소년: 봐. 저것은 누구의 물병이니?
소녀: _____

① 소녀: 여기 있어.
② 소녀: 난 목말라.
③ 소녀: 그것은 Brian의 것이야.
④ 소녀: 나는 내 물병을 찾을 수가 없어.

정답	JUMP UP 받아쓰기(스크립트)	해석

10 ② 곧장 가서 오른쪽으로 돈 후, 은행 옆에 있는 공원을 찾고 있다.
- go straight 곧장 가다
- turn right 오른쪽으로 돌다
- next to ~ 옆에
- subway station 지하철역

G: Let's meet at Green Park, Mike.
B: Where is Green Park?
G: Oh, you don't know? Go straight and then turn right.
B: Is it next to the subway station?
G: No. It's next to the bank.

소녀: Green 공원에서 만나자, Mike.
소녀: Green 공원이 어디야?
소녀: 오, 너 모르니? 곧장 간 후 오른쪽으로 돌아.
소년: 그것은 지하철역 옆에 있니?
소녀: 아니. 그것은 은행 옆에 있어.

11 ③ 남자아이는 피곤해서 축구하러 가지 않았다고 했다.
- soccer 축구
- this morning 오늘 아침
- get up 일어나다
- too late 너무 늦은
- tired 피곤한
- stay 머무르다

G: Jiho, did you play soccer this morning?
B: No, I didn't.
G: Did you get up too late?
B: No, I got up early.
G: Then why didn't you play soccer?
B: I was very tired. I just wanted to stay home.

소녀: 지호야, 너는 오늘 아침에 축구를 했니?
소년: 아니, 나는 안 했어.
소녀: 너무 늦게 일어났니?
소년: 아니, 나는 일찍 일어났어.
소녀: 그럼 왜 축구를 안 했어?
소년: 매우 피곤했어. 나는 그냥 집에서 쉬고 싶었어.

12 ② 여자아이는 주황색을 좋아한다고 했다.
- the U.K. 영국
- favorite 가장 좋아하는
- color 색깔
- orange 주황색
- subject 과목
- social studies 사회

B: Hi. I'm Minho. Nice to meet you. Where are you from?
G: I'm from the U.K.
B: What's your favorite color?
G: I like orange.
B: Me, too. What's your favorite subject?
G: My favorite subject is social studies.

소년: 안녕, 나는 민호야. 만나서 반가워. 너는 어디에서 왔니?
소녀: 나는 영국에서 왔어.
소년: 네가 가장 좋아하는 색깔은 무엇이니?
소녀: 나는 주황색을 좋아해.
소년: 나도. 네가 가장 좋아하는 과목은 무엇이니?
소녀: 내가 가장 좋아하는 과목은 사회야.

13 ③ 두 사람은 잃어버린 아이에 대해 이야기를 나누고 있다.
- look like ~처럼 보이다, 생기다
- curly 곱슬곱슬한
- glasses 안경

W: Can you help me? I can't find my daughter.
M: Okay. How old is she?
W: She is five years old.
M: What does she look like?
W: She has long, curly hair. She has big blue eyes.
M: What is she wearing?
W: She's wearing a yellow T-shirt and black glasses.

여자: 저를 좀 도와주실 수 있나요? 저는 제 딸을 찾을 수가 없어요.
남자: 알겠어요. 그녀는 몇 살인가요?
여자: 그녀는 5살이에요.
남자: 그녀는 어떻게 생겼나요?
여자: 그녀는 길고 곱슬곱슬한 머리를 하고 있어요. 크고 파란 눈을 가졌어요.
남자: 그녀는 무엇을 입고 있나요?
여자: 그녀는 노란색 티셔츠와 검은색 안경을 쓰고 있어요.

14 ④ 두 사람은 주문하고 싶은 음식에 대해 이야기를 나누고 있다.
- order 주문하다
- juice 주스
- hamburger 햄버거
- French fries 프렌치 프라이, 감자튀김

B: What do you want to order?
G: I will have juice. What about you?
B: I want to have some food.
G: Do you want to order a hamburger?
B: Yes. And some French fries, too.
G: Alright.

소년: 너는 무엇을 주문하고 싶니?
소녀: 나는 주스를 마실 거야. 너는 어떠니?
소년: 나는 음식을 좀 먹고 싶어.
소녀: 너는 햄버거를 주문하고 싶니?
소년: 응. 그리고 감자튀김도 좀 (주문하고 싶어).
소녀: 알겠어.

정답	JUMP UP 받아쓰기(스크립트)	해석

15 ① 그림에서 밖의 날씨는 화창하고 남자아이는 드론을 날리고 있다.
- sunny 날씨가 좋은, 화창한
- fly a drone 드론을 날리다
- cloudy 날씨가 흐린
- kite 연

① M: It's <u>sunny</u> outside. The boy is flying a drone.
② M: It's cloudy outside. The boy is making a robot.
③ M: It's sunny outside. The boy is flying a <u>kite</u>.
④ M: It's <u>cloudy</u> outside. The boy is taking an art class.

① 남자: 밖은 화창하다. 남자아이가 드론을 날리고 있다.
② 남자: 밖은 흐리다. 남자아이가 로봇을 만들고 있다.
③ 남자: 밖은 화창하다. 남자아이가 연을 날리고 있다.
④ 남자: 밖은 흐리다. 남자아이가 미술 수업을 듣고 있다.

---

16 ③ 여자아이는 머리핀 2개를 14달러에 샀다.
- hairpin 머리핀
- pretty 예쁜
- in total 전체로, 총계로

G: Hello. I'm looking for a hairpin.
M: How about this one?
G: Oh, it's <u>pretty</u>. How much is it?
M: It's seven dollars.
G: I want two, please. How <u>much</u> are they?
M: They are <u>fourteen</u> dollars in total.
G: Okay. I'll take them.

소녀: 안녕하세요. 저는 머리핀을 찾고 있어요.
남자: 이것은 어떤가요?
소녀: 오, 예뻐요. 그것은 얼마인가요?
남자: 7달러예요.
소녀: 저는 두 개를 원해요. 그것들은 얼마인가요?
남자: 모두 14달러예요.
소녀: 좋아요. 그것들을 살게요.

---

17 ④ 남자아이의 우산은 파란색이며 하얀색 하트가 있다.
- umbrella 우산
- different 다른
- heart 하트 (모양)

B: It's raining. Where is my <u>umbrella</u>?
G: There is a green umbrella over there. Is it yours?
B: No, it's not mine. Mine is a <u>different</u> color.
G: What color is your umbrella?
B: Mine is blue. It has a small heart, too.
G: Is it a small <u>yellow</u> heart?
B: No, it's not. Mine has a white heart.

소년: 비가 오네. 내 우산이 어디 있지?
소녀: 녹색 우산이 저기에 있어. 그것이 네 것이니?
소년: 아니, 그것은 내 것이 아니야. 내 것은 다른 색깔이야.
소녀: 네 우산은 무슨 색깔이야?
소년: 내 것은 파란색이야. 작은 하트도 한 개 있어.
소녀: 작은 노란색 하트니?
소년: 아니, 그렇지 않아. 내 것은 하얀색 하트가 있어.

---

18 ① 겨울에 무엇을 할 것인지 묻고 있으므로, 스키를 탈 것이라는 응답이 알맞다.
- winter 겨울
- vacation 방학
- season 계절
- luck 행운

G: <u>Winter</u> vacation is coming.
B: Yeah. I like winter. <u>How</u> about you?
G: My favorite <u>season</u> is winter, too.
B: Really? What will you do in winter?
G: _____

소녀: 겨울 방학이 오고 있어.
소년: 응. 나는 겨울을 좋아해. 너는 어때?
소녀: 내가 가장 좋아하는 계절도 겨울이야.
소년: 정말? 너는 겨울에 무엇을 할 거니?
소녀: _____

① 나는 스키를 탈 거야.
② 나는 그것을 살 거야.
③ 나의 즐거움이지.
④ 행운이 있기를 바라!

---

19 ③ 주문하겠냐고 묻고 있으므로, 샌드위치를 원한다고 응답하는 것이 알맞다.
- restaurant 식당
- menu 메뉴
- delicious 맛있는
- cook 요리사

W: Good <u>evening</u>. Welcome to our restaurant.
B: Good evening. Can I <u>see</u> the menu?
W: Sure. Here it is.
B: Thank you.
W: May I take your <u>order</u>?
B: _____

여자: 안녕하세요. 우리 식당에 오신 것을 환영합니다.
소년: 안녕하세요. 제가 메뉴를 봐도 될까요?
여자: 물론이죠. 여기 있습니다.
소년: 감사합니다.
여자: 주문하시겠어요?
소년: _____

① 천만에요.
② 매우 맛있어요.
③ 저는 샌드위치 주세요.
④ 저는 요리사가 되고 싶어요.

정답	JUMP UP 받아쓰기(스크립트)	해석
20 ② 가위를 써도 되는지 묻고 있으므로, '나는 할 수 없다'는 내용의 응답은 알맞지 않다. • fish 물고기 • paper 종이 • cute 귀여운 • cut 자르다 • scissors 가위	B: Jisu, what are you making? G: I'm making a <u>blue</u> fish with paper. Look! B: Wow. It's so <u>cute</u>. Can you teach me? G: Cut this paper and color it. B: Okay. Can I use your <u>scissors</u>? G: _____	소년: 지수야, 너는 무엇을 만들고 있니? 소녀: 나는 종이로 파란 물고기를 만들고 있어. 봐! 소년: 와. 그것은 정말 귀엽다. 너는 나에게 가르쳐 줄 수 있니? 소년: 이 종이를 자르고 색칠해. 소년: 알았어. 내가 네 가위를 써도 되니? 소녀: _____ ① 응, 돼. ② 미안해. 난 할 수 없어. ③ 물론이지. 써도 돼. ④ 물론이지, 빌려도 돼.

🎧 LISTEN UP　　실력 높여 보기　　본문 98쪽

01 ③　**02** ④　**03** ②　**04** ③　**05** ④

정답	스크립트	해석
01 ③ 남자아이는 이모와 집에 같이 가고 싶어서 이모를 찾고 있다고 했다. • aunt 이모, 고모, 숙모 • classroom 교실 • math 수학 • student 학생	G: Hi, Ted. What's up? B: Hi, Susan. I'm looking for my aunt. G: My teacher, Ms. Kelly? She is in the classroom. B: Is she teaching math now? G: No. She is talking with a student. B: Oh, I see. G: Why are you looking for her? B: I just want to go home with her.	소녀: 안녕, Ted. 무슨 일이야? 소년: 안녕, Susan. 나는 우리 이모를 찾고 있어. 소녀: 나의 Kelly 선생님? 그녀는 교실에 계셔. 소년: 지금 수학을 가르치고 계셔? 소녀: 아니. 한 학생과 이야기하고 계셔. 소년: 오, 알겠어. 소녀: 왜 그녀를 찾고 있는 거야? 소년: 그냥 그녀와 집에 같이 가고 싶어서 그래.
02 ④ 남자아이는 내일 엄마와 함께 집을 청소하겠다고 했다. • finish 끝나다, 끝내다 • not yet 아직 ~ 아니다 • a few 몇, 소수의 • minute 분 • else 다른 • practice 연습, 연습하다 • How about ~? ~는 어때? • busy 바쁜	W: Andy, did you finish your homework? B: Not yet, but I'll finish it in a few minutes. W: Good. Do you have anything else to do? B: Yes, I have soccer practice. W: How about tomorrow? Are you busy? B: No, I'm free then. W: Can you clean the house with me? B: Of course, Mom.	여자: Andy, 너 숙제 끝냈니? 소년: 아직 아니에요, 하지만 몇 분 후에 끝낼 거예요. 여자: 좋아. 너는 다른 할 일이 있니? 소년: 네, 저는 축구 연습이 있어요. 여자: 내일은 어떠니? 바쁘니? 소년: 아니요, 그때는 한가해요. 여자: 나와 함께 집을 청소해도 되니? 소년: 물론이죠, 엄마.
03 ② 남자아이는 다리가 아파서 자전거를 타고 가지 못한다고 했다. • class 수업 • give ~ a ride ~을 태워 주다	B: Mom, what time is it now? W: It's 4 o'clock. When is your violin class? B: It's at 4:20. Can you give me a ride? W: Sorry. Your dad took the car. How about riding your bike?	소년: 엄마, 지금 몇 시예요? 여자: 4시야. 네 바이올린 수업은 언제니? 소년: 4시 20분이요. 저를 데려다주실 수 있나요? 여자: 미안해. 아빠가 차를 가져가셨어. 자전거를 타고 가는 게 어떠니? 소년: 저는 지금 당장은 제 자전거를 탈 수 없어요.

정답	스크립트	해석

• bike 자전거
• leg 다리
• hurt 아프다

B: I can't ride my bike right now.
W: Why not?
B: My legs hurt very much.

여자: 왜 안 돼?
소년: 다리가 너무 아파요.

04 ③ 어떻게 생겼냐는 질문에 슬퍼 보인다는 응답은 자연스럽지 않다.
• sunglasses 선글라스
• bedroom 침실
• nice 훌륭한
• bus driver 버스 운전사

① B: Whose sunglasses are these?
　G: They're Andrew's.
② B: May I use this cell phone?
　G: Sorry, you can't.
③ B: What does she look like?
　G: She looks sad.
④ B: This is my bedroom.
　G: What a nice room!
⑤ B: What does he do?
　G: He's a bus driver.

① 소년: 이것은 누구의 선글라스니?
　소녀: 그것은 Andrew의 것이야.
② 소년: 내가 이 휴대 전화를 사용해도 되니?
　소녀: 미안하지만, 안 되겠어.
③ 소년: 그녀는 어떻게 생겼니?
　소녀: 그녀는 슬퍼 보여.
④ 소년: 여기는 내 침실이야.
　소녀: 정말 멋진 방이다!
⑤ 소년: 그는 무슨 일을 해?
　소녀: 그는 버스 운전사야.

05 ④ 그림에서 여자아이가 공원에서 병과 캔을 줍고 있다.
• attend 참석하다
• bottle 병
• learn 배우다

① B: What do you want?
　G: I want some cola.
② B: I'm thirsty. Do you have some water?
　G: Here you are.
③ B: What are you going to do this Sunday?
　G: I will attend a sports camp.
④ B: What will you do at the park?
　G: I will pick up bottles and cans.
⑤ B: I will go to the park and learn about trees.
　G: Have a good time.

① 소년: 너는 무엇을 원하니?
　소녀: 나는 콜라를 좀 먹고 싶어.
② 소년: 나는 목이 말라. 너 물 좀 있니?
　소녀: 여기 있어.
③ 소년: 너는 이번 일요일에 무엇을 할 거니?
　소녀: 나는 스포츠 캠프에 참석할 거야.
④ 소년: 너는 공원에서 무엇을 할 거니?
　소녀: 나는 병과 캔을 주울 거야.
⑤ 소년: 나는 공원에 가서 나무들에 대해 배울 거야.
　소녀: 좋은 시간 보내.

 **FLY UP**

01 Where is my backpack? / 내 배낭이 어디에 있지?

02 Whose bottle is that? / 저것은 누구의 물병이니?

03 What's your favorite subject? / 네가 가장 좋아하는 과목은 무엇이니?

04 She's a nurse. / 그녀는 간호사야.

05 No, it's not mine. / 아니, 그것은 내 것이 아니야.

06 Go straight and then turn left. / 곧장 가다가 왼쪽으로 도세요.

07 Let's play soccer tomorrow. / 내일 축구하자.

08 My favorite season is winter. / 내가 가장 좋아하는 계절은 겨울이야.

09 Can you help me? / 저를 도와주실 수 있나요?

10 It's next to the bank. / 그것은 은행 옆에 있어요.

 **SPEAK UP**

01 It's next to the library.

02 Whose bottle is that?

03 Let's play soccer tomorrow.

04 My favorite season is winter.

05 What's your favorite color?

06 Can you help me?

07 Where is my backpack?

Listen & Speak Up 8

WARM UP

A
01 cool, 멋진, 시원한
02 spell, 철자를 말하다[쓰다]
03 usually, 대개, 보통
04 scared, 무서운, 겁먹은
05 borrow, 빌리다
06 mine, 내 것, 나의 것
07 attend, 참석하다, 출석하다
08 grocery, 식료품
09 greasy, 기름진
10 go on a picnic, 소풍을 가다

B
01 grocery
02 attend
03 greasy
04 cool
05 borrow
06 mine
07 usually
08 scared
09 spell
10 go on

LISTEN UP   JUMP UP

LISTEN UP   듣기평가 모의고사 8

01 ①	02 ④	03 ③	04 ③	05 ④	06 ③	07 ④	08 ③	09 ③	10 ④
11 ④	12 ③	13 ③	14 ④	15 ④	16 ③	17 ③	18 ①	19 ③	20 ②

정답	JUMP UP 받아쓰기(스크립트)	해석
01 ① 그림에서 여자아이는 음식물 섭취 금지 표지판을 가리키며 말하고 있다. • hamburger 햄버거 • apple pie 사과 파이 • best 가장, 최상의	① G: Look. Don't eat here. 　B: Oh, I'm sorry. ② G: Let's buy some juice. 　B: That's a great idea. ③ G: What do you want? 　B: I want some hamburgers. ④ G: What is your favorite food? 　B: I like apple pie the best.	① 소녀: 봐. 여기에서 먹지 마. 　소년: 오, 미안해. ② 소녀: 주스를 좀 사자. 　소년: 그것 참 좋은 생각이야. ③ 소녀: 너는 무엇을 원하니? 　소년: 나는 햄버거를 좀 원해. ④ 소녀: 네가 가장 좋아하는 음식은 무엇이니? 　소년: 나는 사과 파이를 가장 좋아해.
02 ④ 서로 어디서 왔는지 물으며 인사하고 있으므로, 처음 만난 상황이다. • Vietnam 베트남 • meet 만나다	B: Hi. Where are you from? G: I'm from Vietnam. How about you? B: I'm from Korea. Nice to meet you. G: Nice to meet you, too.	소년: 안녕. 너는 어디에서 왔니? 소녀: 나는 베트남에서 왔어. 너는 어때? 소년: 나는 한국에서 왔어. 만나서 반가워. 소녀: 나도 만나서 반가워.
03 ③ 두 사람은 새로 오신 선생님에 대해 이야기를 나누고 있다. • over there 저쪽에 • math 수학 • tall (키가) 큰	G: Look at him, Kevin. B: Over there? Who is he? G: He's Mr. Brown. He is our new math teacher. B: Oh, he's tall.	소녀: 그를 봐. Kevin. 소년: 저쪽에? 그가 누구야? 소녀: 그는 Brown 선생님이야. 그는 우리의 새로운 수학 선생님이셔. 소년: 오, 키가 크시다.
04 ③ 여자아이가 살 필통은 보라색에 하트 그림이 있는 필통이다.	M: May I help you? G: Yes, please. I want to buy a new pencil case.	남자: 도와드릴까요? 소녀: 네, 부탁드려요. 저는 새로운 필통을 사고 싶어요. 남자: 하트가 있는 이것은 어때요?

정답	JUMP UP 받아쓰기(스크립트)	해석

- buy 사다
- pencil case 필통
- cool 멋진
- pink 분홍색
- purple 보라색

M: How about this one with a heart?
G: It looks cool. But I don't like pink.
M: We have it in purple, too.
G: Good. I'll take it.

소녀: 멋져 보여요. 하지만 저는 분홍색을 좋아하지 않아요.
남자: 저희는 보라색도 있어요.
소녀: 좋아요. 저는 그것을 살게요.

05 ④ 일요일마다 무엇을 하느냐는 질문에 대개 공원에 간다고 응답하는 것은 자연스럽다.
- weather 날씨
- outside 밖에
- grade 학년, 등급
- spell 철자를 말하다[쓰다]
- usually 보통, 대개

① B: How's the weather outside?
   G: I'm fine.
② B: What grade are you in?
   G: I'm eleven years old.
③ B: How do you spell your name?
   G: I'm a student.
④ B: What do you do on Sundays?
   G: I usually go to the park.

① 소년: 밖에 날씨가 어때?
   소녀: 나는 괜찮아.
② 소년: 너는 몇 학년이니?
   소녀: 나는 11살이야.
③ 소년: 너의 이름의 철자를 어떻게 쓰니?
   소녀: 나는 학생이야.
④ 소년: 너는 일요일마다 무엇을 하니?
   소녀: 나는 대개 공원에 가.

06 ③ 그림에서 여자아이는 점원에게 신발을 가리키며 묻고 있으므로 ③이 알맞다.
- help 돕다
- get to ~에 도착하다
- shoe store 신발 가게

① G: Can I help you?
② G: What can I do for you?
③ G: How much are these shoes?
④ G: How can I get to the shoe store?

① 소녀: 도와드릴까요?
② 소녀: 무엇을 도와드릴까요?
③ 소녀: 이 신발은 얼마인가요?
④ 소녀: 신발 가게에 어떻게 가나요?

07 ④ 세면대, 변기, 거울이 있고 목욕을 할 수 있는 곳은 욕실이다.
- sink 세면대, 싱크대
- toilet 변기
- mirror 거울
- take a bath 목욕을 하다

W: This is a room in a house. There is a sink. There is a toilet and a mirror, too. You can take a bath here. What room is it?

여자: 이곳은 집에 있는 방이다. 세면대가 있다. 변기와 거울도 있다. 당신은 여기에서 목욕할 수 있다. 그곳은 어느 방일까?

08 ③ 여자아이는 따뜻한 느낌이 들어서 빨간색을 좋아한다고 했다.
- a lot of 많은
- red 빨간색
- feel 느끼다
- warm 따뜻한

B: Is this your pencil case?
G: Yes, why do you ask?
B: Wow, you have a lot of red pens.
G: Red is my favorite color. It feels warm.
B: Oh, I see.

소년: 이것은 네 필통이니?
소녀: 응. 왜 묻니?
소년: 와, 너는 빨간색 펜이 많이 있구나.
소녀: 빨간색은 내가 가장 좋아하는 색이야. 따뜻하게 느껴져.
소년: 오, 그렇구나.

09 ③ 그림에서 여자아이는 배고픈 상황으로 음식을 떠올리고 있다.
- tired 피곤한
- happy 행복한
- sleepy 졸린
- hungry 배고픈
- scared 무서운

B: Are you tired, Susie?
G: _____
① G: No, I'm not. I'm happy.
② G: Yes. I'm very sleepy.
③ G: No, I'm not. I'm hungry.
④ G: Yes. I'm scared.

소년: 너는 피곤하니, Susie야?
소녀: _____
① 소녀: 아니, 그렇지 않아. 나는 행복해.
② 소녀: 응. 나는 매우 졸려.
③ 소녀: 아니, 그렇지 않아. 나는 배고파.
④ 소녀: 응. 나는 무서워.

10 ④ 남자아이는 장갑을

W: It's too cold outside. Take your gloves.

여자: 밖이 너무 추워. 장갑을 가져가렴.

정답	JUMP UP 받아쓰기(스크립트)	해석

탁자 아래에서 찾았다.
- outside 밖에
- gloves 장갑
- find 찾다
- found find(찾다)의 과거형

B: I can't find them. Where are they, Mom?
W: They're on the table.
B: No, they are not there.
W: Then look under the table.
B: Oh, I found them. Thank you.

소년: 저는 그것들을 찾을 수가 없어요. 그것들은 어디에 있어요, 엄마?
여자: 그것들은 탁자 위에 있어.
소년: 아니에요, 그것들은 거기에 없어요.
여자: 그럼 탁자 아래를 보렴.
소년: 오, 저 찾았어요. 감사해요.

---

11 ④ 남자아이는 여자아이에게 체육 교과서를 빌리고 있다.
- P.E. 체육
- textbook 교과서
- borrow 빌리다
- give ~ back ~을 돌려주다

B: Do you use your P.E. textbook today?
G: No, we play badminton in P.E. class today.
B: Really? Then can I borrow your P.E. textbook?
G: Sure. But please give it back by tomorrow.
B: Okay. I will.

소년: 너는 오늘 너의 체육 교과서를 사용하니?
소녀: 아니, 우리는 오늘 체육 시간에 배드민턴을 쳐.
소년: 정말? 그럼 내가 너의 체육 교과서를 빌려도 될까?
소녀: 물론이지. 하지만 내일까지 그걸 다시 돌려줘.
소년: 알겠어. 그렇게.

---

12 ③ 남자아이는 내년 여름에 자원봉사 활동을 할 것이라고 했다.
- cousin 사촌
- surf 서핑하다, 파도타기를 하다
- volunteer work 자원봉사 활동

G: Jisu, did you enjoy your summer vacation?
B: Yes, I did. I visited my cousin in Busan.
G: What did you do there?
B: I went to the beach and surfed.
G: Will you visit your cousin next summer, too?
B: No, I will do volunteer work next summer.

소녀: 지수야, 너 여름 방학 즐겁게 보냈니?
소년: 응, 그랬어. 나는 부산에 있는 사촌 집을 방문했어.
소녀: 너는 거기에서 무엇을 했니?
소년: 나는 해변에 가서 서핑을 했어.
소녀: 너는 내년 여름에도 사촌 집을 방문할 거니?
소년: 아니, 나는 내년 여름에 자원봉사 활동을 할 거야.

---

13 ③ 키가 크고 몸에 점이 있으며, 네 개의 다리와 긴 목을 가지고 있는 동물은 기린이다.
- animal 동물
- neck 목
- spot 점
- grass 풀

M: I am an animal. I have four legs and a long neck. I have spots on my body. I'm very tall. I like to eat grass. Who am I?

남자: 나는 동물이다. 나는 네 개의 다리와 긴 목을 가지고 있다. 나는 몸에 점들이 있다. 나는 키가 매우 크다. 나는 풀 먹는 것을 좋아한다. 나는 누구일까?

---

14 ④ 친구에게 수학 문제 푸는 것의 어려움을 이야기하며 도움을 요청하는 상황이다.
- worried 걱정스러운
- hard 어려운, 단단한
- solve 풀다, 해결하다

B: You look worried. What's going on?
G: It's so hard to solve math problems.
B: Is that your school homework?
G: Yes. Can you help me?
B: Sure. Let's do it together.

소년: 너 걱정스러워 보여. 무슨 일이니?
소녀: 수학 문제를 푸는 게 너무 어려워.
소년: 그것은 너의 학교 숙제니?
소녀: 응. 나를 도와줄 수 있니?
소년: 물론이야. 그것을 함께 하자.

---

15 ④ 그림 속 달력에서 남자아이의 생일은 화요일이다.
- school field trip 학교 현장학습
- October 10월
- Wednesday 수요일
- Tuesday 화요일

① B: My school field trip is on October 2nd.
② B: My school field trip is on Wednesday.
③ B: My birthday is October 23rd.
④ B: My birthday is on Tuesday.

① 소년: 우리 학교 현장학습은 10월 2일이야.
② 소년: 우리 학교 현장학습은 수요일이야.
③ 소년: 내 생일은 10월 23일이야.
④ 소년: 내 생일은 화요일이야.

정답	JUMP UP 받아쓰기(스크립트)	해석

16 ③ 남자아이는 녹색인 자신의 줄넘기 줄을 찾고 있다.
- jump rope 줄넘기 줄
- under ~ 아래에
- sofa 소파
- green 녹색

B: Mom, I'm late. Where is my jump rope?
W: It's under the sofa.
B: No. This one is blue. It's not mine.
W: Then what color is yours?
B: Mine is green.

소년: 엄마, 저 늦었어요. 제 줄넘기 줄이 어디 있어요?
여자: 그것은 소파 아래에 있어.
소년: 아니에요. 이것은 파란색이에요. 그건 제 것이 아니에요.
여자: 그럼 네 것은 무슨 색이니?
소년: 제 것은 녹색이에요.

17 ③ 지금은 비가 오고 있다.
- rain 비가 오다
- snow 눈이 오다
- before 전에
- change 변하다
- just now 방금

G: Woojin, let's go outside.
B: Why?
G: Let's make a snowman together.
B: Now? Look outside. It's raining now.
G: Really? It was snowing before.
B: Yes, but the weather changed just now.

소녀: 우진아, 밖에 나가자.
소년: 왜?
소녀: 함께 눈사람을 만들자.
소년: 지금? 밖을 봐. 지금 비가 내리고 있어.
소녀: 진짜? 전에는 눈이 오고 있었는데.
소년: 응. 그런데 날씨가 방금 변했어.

18 ① 좋은 시간을 보내라는 상대방의 말에 대한 알맞은 응답은 '너도.'이다.
- How about ~? ~는 어때?
- Have a great time. 좋은 시간을 보내(세요).

G: What will you do this summer?
B: I will attend a sports camp. How about you?
G: I will go to Dokdo with my family.
B: Have a great time.
G: _____

소녀: 너는 이번 여름을 무엇을 할 거니?
소년: 나는 스포츠 캠프에 참석할 거야. 너는 어때?
소녀: 나는 우리 가족과 독도에 갈 거야.
소년: 좋은 시간 보내.
소녀: _____
① 너도.
② 조심해!
③ 미안해. 나는 할 수 없어.
④ 나는 그렇게 생각하지 않아.

19 ③ 자신의 주방을 소개하고 있으므로, 주방이 멋지다는 응답이 알맞다.
- kitchen 주방
- stove 스토브, 가스레인지
- cook 요리하다
- sink 싱크대
- chair 의자

B: Look. This is my kitchen.
G: Wow. What is that?
B: It's a stove. You can cook here.
G: I see. What are those?
B: They're sinks. There are two sinks in the kitchen.
G: Is that a table?
B: Yes. There are a table and four chairs, too.
G: _____

소년: 봐. 이곳은 내 주방이야.
소녀: 와. 저것은 무엇이니?
소년: 그것은 스토브야. 너는 여기서 조리할 수 있어.
소녀: 알겠다. 저것들은 무엇이니?
소년: 그것들은 싱크대야. 주방에 싱크대 2개가 있어.
소녀: 저것은 식탁이니?
소년: 응. 식탁과 의자 4개도 있어.
소녀: _____
① 힘내!
② 나는 너무 배고파.
③ 정말 멋진 주방이다!
④ 주스를 좀 마셔도 되겠니?

20 ② 야구 연습을 하자는 요청에 기다려야만 한다는 응답은 알맞지 않다.
- practice 연습하다
- hard 열심히
- wait 기다리다

B: The baseball game is coming up.
G: When is the baseball game?
B: Next Tuesday.
G: Really? We have to practice hard.
B: Right. Let's practice baseball this Friday.
G: _____

소년: 야구 경기가 다가오고 있어.
소녀: 야구 경기는 언제니?
소년: 다음 주 화요일이야.
소녀: 정말? 우리는 열심히 연습해야 해.
소년: 맞아. 이번 금요일에 야구 연습하자.
소녀: _____
① 그거 좋다.
② 우리는 기다려야만 해.
③ 미안해, 하지만 난 그때 바빠.
④ 좋아. 야구장에서 만나자.

정답	스크립트	해석
01 ⑤ 여자아이는 자신의 장난감 차를 고쳐 달라고 삼촌을 찾고 있다. • garage 차고 • wash 씻다 • broken 고장 난 • fix 수리하다	[Cell phone rings.] G: Uncle Tom, where are you? M: I'm in the garage. G: What are you doing there? M: I'm washing my car. Come here. G: Look at my toy car, please. It's broken. M: Let me fix it for you. G: Thank you. It's my favorite toy.	[휴대 전화가 울린다.] 소녀: Tom 삼촌, 어디 계세요? 남자: 나는 차고에 있어. 소녀: 거기에서 무엇을 하고 계세요? 남자: 나는 세차를 하고 있어. 여기로 오렴. 소녀: 제 장난감 차 좀 봐 주세요. 고장 났어요. 남자: 내가 널 위해 고쳐 줄게. 소녀: 고마워요. 그건 제가 제일 좋아하는 장난감이에요.
02 ④ 남자아이는 쇼핑을 가서 짐을 들어 줄 것이다. • finish 끝나다, 끝내다 • already 이미, 벌써 • grocery shopping 식료품 쇼핑 • heavy 무거운	W: Did you finish your homework? B: Yes, I did. I already finished it. W: Then can you help me now? B: Sure. What can I do for you? W: I'm going grocery shopping. Can you carry some heavy bags? B: Of course. No problem.	여자: 너는 숙제 끝났니? 소년: 네, 그래요. 저는 그것을 벌써 끝냈어요. 여자: 그럼 지금 나를 도와줄 수 있니? 소년: 물론이죠. 무엇을 도와드릴까요? 여자: 나는 식료품 쇼핑을 하러 갈 거야. 무거운 짐 좀 들어 줄 수 있어? 소년: 물론이죠. 문제없어요.
03 ④ 남자아이가 좋아하는 음식은 매운 치킨 피자로 매운 음식을 좋아한다고 했다. • order 주문하다 • greasy 기름진 • spicy 매운 • hot 매운	B: Let's order some pizza. G: What do you want? B: Let me see... G: How about cheese pizza? Do you like greasy food? B: No. I like spicy food. G: I like hot food, too. Then how about this spicy chicken pizza? B: That will be good. I like that.	소년: 피자를 좀 주문하자. 소녀: 너는 무엇을 원하니? 소년: 어디 보자… 소녀: 치즈 피자는 어때? 너는 기름진 음식을 좋아하니? 소년: 아니. 나는 매운 음식을 좋아해. 소녀: 나도 매운 음식을 좋아해. 그럼 이 매운 치킨 피자는 어때? 소년: 그거 좋을 것 같아. 나는 그게 좋아.
04 ⑤ 가장 좋아하는 계절을 묻는 질문에 동화책을 좋아한다는 응답은 자연스럽지 않다. • weekend 주말 • go on a picnic 소풍을 가다 (went는 go의 과거형) • astronaut 우주 비행사 • fairy tale 동화	① B: How much are these sunglasses? 　G: They're 3 dollars. ② B: May I sit here? 　G: Sorry. You may not. ③ B: What did you do last weekend? 　G: I went on a picnic. ④ B: What do you want to be? 　G: I want to be an astronaut. ⑤ B: What's your favorite season? 　G: I like fairy tale books the most.	① 소년: 이 선글라스는 얼마니? 　소녀: 3달러야. ② 소년: 내가 여기 앉아도 될까? 　소녀: 미안해. 안 돼. ③ 소년: 너는 지난 주말에 무엇을 했니? 　소녀: 나는 소풍을 갔어. ④ 소년: 너는 무엇이 되고 싶니? 　소녀: 나는 우주 비행사가 되고 싶어. ⑤ 소년: 네가 가장 좋아하는 계절은 무엇이니? 　소녀: 나는 동화책을 가장 좋아해.
05 ③ 소고기 스테이크(10달러), 사과주스(2달러)와 밀크셰이크(2달러)의 총 가격은 14달러이다. • beefsteak 소고기 스테이크	M: May I take your order? G: Yes, please. I'd like a beefsteak. How much is it? M: It's 10 dollars. Do you need anything else?	남자: 주문하시겠어요? 소녀: 네, 부탁해요. 저는 소고기 스테이크 주세요. 얼마인가요? 남자: 10달러입니다. 또 다른 것이 필요하신가요? 소녀: 저는 음료수가 필요해요.

정답	스크립트	해석
• else 또 다른 • drink 음료, 마실 것 • each 각각	G: I need some drinks. M: We have apple juice, milkshakes, and iced tea. They are two dollars each. G: Okay. One apple juice and one milkshake, please. M: Is that all? G: Yes. That's all.	남자: 저희는 사과주스, 밀크셰이크와 아이스티가 있어요. 각각 2달러입니다. 소녀: 좋아요. 사과주스 한 잔과 밀크셰이크 한 잔 부탁드려요. 남자: 그게 다인가요? 소녀: 네. 그게 다예요.

본문 118~119쪽

01 What did you do last weekend? / 너는 지난 주말에 무엇을 했니?

02 It's under the sofa. / 그것은 소파 아래에 있어.

03 May I take your order? / 주문하시겠어요?

04 What a nice kitchen! / 정말 멋진 주방이구나!

05 Can I borrow your P.E. textbook? / 내가 너의 체육 교과서를 빌려도 되니?

06 My birthday is October 23rd. / 내 생일은 10월 23일이야.

07 How can I get to the shoe store? / 신발 가게에 어떻게 가나요?

08 I want to be an astronaut. / 나는 우주 비행사가 되고 싶어.

09 There is a sink. / 싱크대가 하나 있어.

10 What grade are you in? / 너는 몇 학년이니?

본문 120쪽

01 What grade are you in?

02 How can I get to the bookstore?

03 What a nice kitchen!

04 Can I borrow your P.E. textbook?

05 May I take your order?

06 Where is my jump rope?

07 What did you do last winter?

Listen & Speak Up 9

WARM UP

A
01 fly a drone, 드론을 날리다   02 traditional, 전통적인   03 subway station, 지하철역
04 across from, ~의 건너편에   05 web, 거미줄, 그물망   06 spill, 엎지르다, 흘리다
07 careless, 부주의한   08 amazing, 놀라운, 굉장한   09 up to, ~까지
10 garage, 차고, 주차장

B
01 traditional   02 across from   03 web   04 spill   05 up to   06 garage
07 fly   08 careless   09 amazing   10 subway station

LISTEN UP   JUMP UP

LISTEN UP   듣기평가 모의고사 9

01 ②	02 ①	03 ①	04 ④	05 ②	06 ③	07 ①	08 ②	09 ③	10 ③
11 ②	12 ④	13 ④	14 ①	15 ④	16 ①	17 ③	18 ③	19 ③	20 ③

정답	JUMP UP 받아쓰기(스크립트)	해석
01 ② 공항의 입국 심사대에서 대화하고 있는 장면이므로 어디서 왔는지 확인하는 대화가 가장 알맞다. • library 도서관 • Australia 호주 • soccer 축구 • doctor 의사	① W: Where are you going? B: I'm going to the <u>library</u>. ② W: Where are you from? B: I'm from Australia. ③ W: What are you doing? B: I'm playing <u>soccer</u>. ④ W: What do you want to be? B: I want to be a <u>doctor</u>.	① 여자: 당신은 어디에 가고 있나요? 소년: 저는 도서관에 가고 있어요. ② 여자: 당신은 어디에서 왔나요? 소년: 저는 호주에서 왔어요. ③ 여자: 당신은 무엇을 하고 있나요? 소년: 저는 축구를 하고 있어요. ④ 여자: 당신은 무엇이 되고 싶나요? 소년: 저는 의사가 되고 싶어요.
02 ① 여자아이는 수영을 못하는 남자아이를 격려하고 있다. • swim 수영하다 • worry 걱정하다 • help 돕다 • cheer up 힘내다	G: Can you <u>swim</u>, Ben? B: No, I can't swim. G: Don't worry. I can <u>help</u> you. B: Really? G: Sure. You <u>can</u> do it. Cheer up.	소녀: 너는 수영할 수 있니, Ben? 소년: 아니, 나는 수영을 못해. 소녀: 걱정하지 마. 나는 널 도울 수 있어. 소년: 정말? 소녀: 물론이지. 넌 할 수 있어. 힘내.
03 ① 두 사람은 베트남의 음식인 분짜에 대해 이야기하고 있다. • noodle 국수 • Vietnam 베트남 • delicious 맛있는	G: <u>What</u> are you making? B: I'm making *bun cha*. G: What's *bun cha*? B: It's a <u>noodle</u> salad. It's from Vietnam. G: Wow. It looks <u>delicious</u>.	소녀: 너는 무엇을 만들고 있니? 소년: 나는 분짜를 만들고 있어. 소녀: 분짜가 뭐야? 소년: 그것은 국수 샐러드야. 그것은 베트남에서 왔어. 소녀: 와. 맛있어 보인다.
04 ④ 두 사람은 토요일에 요리 동아리에 가서 치즈케이크를 만들 예정이다.	B: Let's <u>fly a drone</u> this Saturday. G: Sorry, but I go to my cooking <u>club</u> on Saturdays.	소년: 이번 토요일에 드론을 날리자. 소녀: 미안해, 하지만 나는 토요일마다 요리 동아리에 가. 소년: 너는 거기서 무엇을 하니?

정답	JUMP UP 받아쓰기(스크립트)	해석
• fly a drone 드론을 날리다 • cooking club 요리 동아리 • on Saturdays 토요일마다 • join 참여하다	B: What do you do there? G: I make cheesecake. B: I love cheesecake. Can I <u>join</u> you? G: Sure. It will be fun.	소녀: 나는 치즈케이크를 만들어. 소년: 나는 치즈케이크를 좋아해. 내가 참여해도 될까? 소녀: 물론이지. 재미있을 거야.
05 ② 무슨 요일인지 물었을 때 금요일이라고 응답한 대화가 자연스럽다. • hospital 병원 • winter 겨울 • boots 부츠	① W: Excuse me. Where is the <u>hospital</u>? 　M: It's under the desk. ② W: What day is it today? 　M: It's <u>Friday</u>. ③ W: What will you do this <u>winter</u>? 　M: Have a good time. ④ W: What size do you want? 　M: I want some boots.	① 여자: 실례합니다. 병원이 어디인가요? 　남자: 그것은 책상 아래에 있어요. ② 여자: 오늘은 무슨 요일인가요? 　남자: 금요일이에요. ③ 여자: 당신은 이번 겨울에 무엇을 할 것인가요? 　남자: 좋은 시간 보내세요. ④ 여자: 당신은 어떤 사이즈를 원하나요? 　남자: 저는 부츠를 좀 원해요.
06 ③ 남자아이가 선물을 받는 상황에서 어울리는 말은 ③이다. • anything 어떤 것 • nice 멋진 • present 선물	① B: Let's <u>go</u> shopping. ② B: I don't have anything. ③ B: What a nice <u>present</u>! ④ B: I'm sorry to <u>hear</u> that.	① 소년: 쇼핑하러 가요. ② 소년: 난 아무것도 가지고 있지 않아요. ③ 소년: 정말 멋진 선물이에요! ④ 소년: 그 말을 들으니 유감이네요.
07 ① 여자아이는 한국의 전 통 간식인 약과에 대해서 설명 을 하고 있다. • Korean 한국의 • traditional 전통적인 • snack 간식 • sweet 달콤한	B: Look. What is it, Yoonji? G: This is a Korean <u>traditional</u> snack. B: Oh, how does it taste? G: It's very <u>sweet</u>. It's a Korean <u>honey</u> 　cookie.	소년: 봐. 그것이 무엇이니, 윤지야? 소녀: 이것은 한국 전통 간식이야. 소년: 오, 그것은 어떤 맛이니? 소녀: 매우 달콤해. 그것은 한국의 꿀 쿠키야.
08 ② 여자아이는 수요일에 자신이 가장 좋아하는 과목인 미 술 수업이 있어서 좋다고 했다. • Thursday 목요일 • Wednesday 수요일 • early 일찍 • art class 미술 수업 • subject 과목	G: June, what day is it today? B: Thursday. Oh, sorry. It's <u>Wednesday</u>. G: Nice. I like Wednesdays. B: Me, too. We can go home early. G: I like Wednesdays because we have an 　<u>art</u> class. My favorite <u>subject</u> is art.	소녀: June, 오늘 무슨 요일이니? 소년: 목요일. 오, 미안해. 수요일이다. 소녀: 좋다. 나는 수요일을 좋아해. 소년: 나도. 우리는 집에 일찍 갈 수 있어. 소녀: 나는 미술 수업이 있어서 수요일을 좋아해. 내 　가 가장 좋아하는 과목이 미술이야.
09 ③ 침대에 누워 잘 준비 를 하고 있으므로, 몇 시에 자러 가냐는 물음에 알맞은 응답은 ③이다. • go to bed 자다, 자러 가다 • sleepy 졸린 • Good night. 잘 자.	B: What <u>time</u> do you go to bed? G: _____ ① G: Yes. I'm very <u>sleepy</u>. ② G: Good <u>night</u>. ③ G: I go to bed at 10:30. ④ G: Have a good time.	소년: 너는 몇 시에 자니? 소녀: _____ ① 소녀: 응. 나는 매우 졸려. ② 소녀: 잘 자. ③ 소녀: 나는 10시 30분에 자. ④ 소녀: 좋은 시간 보내.
10 ③ 여자아이가 찾는 장소 는 한 블록 곧장 가서 왼쪽으로	G: Excuse me. Where is the <u>subway</u> 　<u>station</u>?	소녀: 실례합니다. 지하철역이 어디인가요? 남자: 한 블록 곧장 가서 왼쪽으로 도세요.

돌아 공원 건너편에 있는 ③이다. • subway station 지하철역 • block 블록, 구역 • on your left 너의 왼편에 • across from ~의 건너편에	M: Go straight one block and then <u>turn</u> left. G: Go straight one block and then turn left? M: Yes. It's on your left. It's <u>across from</u> the park. G: Thank you.	소녀: 한 블록 곧장 가서 왼쪽으로 돌아요? 남자: 네. 그것은 당신의 왼편에 있어요. 그것은 공원의 건너편에 있어요. 소녀: 감사합니다.
11 ② 점원은 야구공이 15달러라고 말했다. • basketball 농구공 • expensive 비싼 • baseball 야구공	W: May I help you? B: Yes, please. How much is this <u>basketball</u>? W: It's 28 dollars. B: Oh, it's too <u>expensive</u>. How much is this <u>baseball</u>? W: It's 15 dollars. B: Okay. I'll take it. W: Thank you. Here you are.	여자: 도와드릴까요? 소년: 네, 부탁드려요. 이 농구공은 얼마인가요? 여자: 28달러예요. 소년: 오, 너무 비싸요. 이 야구공은 얼마인가요? 여자: 15달러예요. 소년: 좋아요. 그것을 살게요. 여자: 감사합니다. 여기 있습니다.
12 ④ 남자아이는 충분하다고 이야기하며 더 먹기를 원하지 않는다고 했다. • chocolate cookie 초콜릿 쿠키 • more 더 • enough 충분한	B: I'm <u>thirsty</u>. Can I drink some milk? W: Sure. <u>Here</u> you are. B: Thanks. Can I have some chocolate cookies, too? W: Sure. Do you <u>want</u> some more? B: No, Thanks. I have enough.	소년: 전 목이 말라요. 우유 좀 마셔도 돼요? 여자: 물론이지. 여기 있어. 소년: 감사해요. 초콜릿 쿠키도 좀 먹어도 돼요? 여자: 물론이지. 좀 더 먹을래? 소년: 아니요, 감사해요. 전 충분해요.
13 ④ 다리가 8개이고, 실을 가지고 그물망을 쳐서 먹이를 잡는 곤충은 거미이다. • insect 곤충 • web 그물망, 거미줄 • thread 실 • prey 먹이	M: I am an insect. I have 8 <u>legs</u>. I can make a <u>web</u> with a thread. I can <u>catch</u> prey with this web. Who am I?	남자: 나는 곤충이다. 나는 8개의 다리가 있다. 나는 실을 가지고 그물망을 만들 수 있다. 나는 이 그물망을 가지고 먹이를 잡을 수 있다. 나는 누구일까?
14 ① 남자아이가 잘못한 것에 대해 사과하고 있는 상황이다. • mine 나의 것 • spill 흘리다 • careless 부주의한	B: Whose <u>book</u> is this? G: It's mine. B: I'm sorry. I <u>spilled</u> water on your book. G: That's okay. B: I was too <u>careless</u>. Sorry. G: The book will be fine. B: Thank you for saying that.	소년: 이것은 누구의 책이지? 소녀: 그것은 내 것이야. 소년: 미안해. 내가 네 책에 물을 쏟았어. 소녀: 괜찮아. 소년: 내가 너무 부주의했어. 미안해. 소녀: 책은 괜찮아질 거야. 소년: 그렇게 말해 줘서 고마워.
15 ④ 그림과 어울리는 문장은 한 채널의 방송이 굉장하다고 말하며 '좋아요'를 누르자는 ④이다. • watch 보다 • amazing 굉장한, 놀라운	① G: Let's watch the <u>movie</u> this Sunday. It's cool. ② G: My favorite color is red. How about you? ③ G: Can I use your computer? I want to <u>draw</u> a picture.	① 소녀: 이번 일요일에 영화 보자. 그것은 멋져. ② 소녀: 내가 가장 좋아하는 색깔은 빨간색이야. 너는 어때? ③ 소녀: 내가 너의 컴퓨터를 써도 되니? 나는 그림을 그리고 싶어. ④ 소녀: 이 채널은 굉장해. '좋아요' 아이콘을 누르자.

정답	JUMP UP 받아쓰기(스크립트)	해석

• press 누르다
• icon 아이콘

④ G: This channel is amazing. Let's press the "Like" icon.

---

16 ① 여자아이는 과학책을 찾고 있고, 오늘 2권을 빌리기를 원했다.
• science 과학
• section 구역
• borrow 빌리다
• up to ~까지

M: May I help you?
G: Yes, please. I'm looking for *Magic Science*.
M: It's in section A.
G: Thank you. How many books can I borrow?
M: You can borrow up to three books.
G: I need only two today.

남자: 도와드릴까요?
소녀: 네, 부탁드려요. 저는 '마술 과학'을 찾고 있어요.
남자: 그것은 A구역에 있어요.
소녀: 감사합니다. 제가 몇 권을 빌릴 수 있나요?
남자: 3권까지 빌릴 수 있어요.
소녀: 저는 오늘 2권만 필요해요.

---

17 ③ 삼촌은 차고에서 차를 고치고 있다.
• uncle 삼촌
• garage 차고
• fix 고치다, 수리하다

B: Mom, where is my uncle?
W: He's in the garage now.
B: What is he doing there?
W: He's fixing his car.
B: Okay. I'll go and help him.

소년: 엄마, 삼촌은 어디에 계세요?
여자: 그는 지금 차고에 있어.
소년: 거기서 무엇을 하세요?
여자: 그의 차를 고치고 있어.
소년: 알았어요. 제가 가서 그를 도울게요.

---

18 ③ 먹어도 되냐고 허락을 구하고 있으므로, 마음껏 먹으라는 응답이 알맞다.
• lovely 사랑스러운
• cake 케이크
• help oneself 마음껏 먹다

W: Welcome to my house.
B: Wow, what a lovely house!
W: Thank you. There are many cakes and chocolate cookies.
B: Ooh, cookies! Can I eat some?
W: _____

여자: 우리 집에 온 것을 환영해.
소년: 와, 정말 사랑스러운 집이에요!
여자: 고맙다. 케이크와 초콜릿 쿠키가 많이 있어.
소년: 와, 쿠키다! 제가 좀 먹어도 돼요?
여자: _____
① 여자: 그것 참 안됐구나.
② 여자: 나는 모르겠구나.
③ 여자: 물론이지. 마음껏 먹으렴.
④ 여자: 부디 와서 보렴.

---

19 ③ 여자아이는 아픈 사람들을 돕고 싶다고 했고, 엄마처럼 의사가 되고 싶냐는 물음에 긍정의 대답 다음에는 의사가 되고 싶다는 응답이 알맞다.
• hero 영웅
• doctor 의사
• sick 아픈
• like ~처럼, ~같이

B: Who is she?
G: She's my mom. She's my hero.
B: What does she do?
G: She's a doctor. I want to help sick people like her.
B: Do you want to be a doctor, too?
G: _____

소년: 그녀는 누구니?
소녀: 그녀는 우리 엄마야. 그녀는 내 영웅이야.
소년: 무슨 일을 하시니?
소녀: 그녀는 의사야. 나는 그녀처럼 아픈 사람들을 돕고 싶어.
소년: 너도 의사가 되기를 원하니?
소녀: _____
① 아니, 나는 그것을 즐기지 않아.
② 응, 나는 간호사가 되고 싶어.
③ 응, 나는 의사가 되고 싶어.
④ 아니, 나는 진료받으러 가고 싶지 않아.

---

20 ③ 음식 맛이 어떠냐고 묻는 질문에 어울리지 않는 응답은 ③이다.
• fruit 과일
• delicious 맛있는
• try 시도하다, 먹어 보다

B: What are you doing?
G: I'm making a fruit salad.
B: It looks delicious.
G: Do you want to try it?
B: Yes, please.
G: Here you are. How is it?
B: _____

소년: 너는 무엇을 하고 있니?
소녀: 나는 과일 샐러드를 만들고 있어.
소년: 그거 맛있어 보인다.
소녀: 너는 그걸 좀 먹어 보고 싶니?
소년: 응, 그래.
소녀: 여기 있어. 어떠니?
소년: _____

정답	JUMP UP 받아쓰기(스크립트)	해석

① 소년: 나는 그것이 좋아!
② 소년: 굉장해.
③ 소년: 듣기 좋구나.
④ 소년: 신선하고 맛있어.

🎵 LISTEN UP 실력 높여 보기

본문 126쪽

01 ③ **02** ② **03** ① **04** ③ **05** ⑤

정답	스크립트	해석
01 ③ 남자아이는 저녁 식사 약속이 있어서 이모를 찾아왔다. • appointment 약속 • dinner 저녁(식사) • office 사무실 • follow 따라오다	W: Good afternoon. What can I do for you? B: Good afternoon. I came to see Sharon. W: May I ask why you're here? B: She's my aunt. I have an appointment for dinner with her. W: I see. She's in her office now. B: May I go in and see her? W: Sure. Follow me, please.	여자: 안녕하세요. 제가 무엇을 도와드릴까요? 소년: 안녕하세요. 저는 Sharon을 보러 왔어요. 여자: 당신이 왜 여기에 왔는지 물어봐도 될까요? 소년: 그녀는 제 이모예요. 저는 그녀와 저녁 식사 약속이 있어요. 여자: 알겠어요. 그녀는 지금 사무실에 있어요. 소년: 제가 들어가서 그녀를 봐도 될까요? 여자: 물론이죠. 저를 따라와 주세요.
02 ② 남자아이는 어머니의 날을 위해 감사 포스터를 만들겠다고 했다. • excited 흥미진진한 • surprise 놀람 • Mother's Day 어머니의 날	G: You look excited. B: Yes. I have some plans for tomorrow. G: What is it? B: I'm preparing a surprise party for my mom. G: Is it for her birthday? B: No. It's for Mother's Day. I will make a thank-you poster. G: That's a great idea.	소녀: 너 흥미진진해 보여. 소년: 응. 나는 내일 계획이 좀 있어. 소녀: 그게 무엇이니? 소년: 나는 우리 엄마를 위한 깜짝 파티를 준비하고 있어. 소녀: 그것은 그녀의 생일을 위한 것이니? 소년: 아니. 그것은 어머니의 날을 위한 것이야. 나는 감사 포스터를 만들 거야. 소녀: 그것 참 좋은 생각이다.
03 ① 남자아이는 심한 감기에 걸려서 음악 공연에 참가하지 못한다고 했다. • voice 목소리 • concert 공연, 콘서트 • terrible 심각한 • cold 감기 • medicine 약	B: You sing very well. Your voice is so sweet. G: Thanks, Junho. I'm practicing a song for the school music concert. B: Is it for the music concert? G: Yes. Are you joining the concert? B: No. I'm not. I have a terrible cold. G: I'm sorry to hear that. Go to the hospital and get some medicine.	소년: 너는 노래를 매우 잘 부르는구나. 너의 목소리는 매우 달콤해. 소녀: 고마워, 준호야. 나는 학교 음악 공연을 위해 노래를 연습하고 있어. 소년: 음악 공연을 위해서야? 소녀: 응. 너는 공연에 참가할 거니? 소년: 아니, 나는 아니야. 심한 감기에 걸렸어. 소녀: 그 말을 들으니 유감이구나. 병원에 가서 약을 좀 먹으렴.
04 ③ 자전거를 빌려도 되는지 허락을 묻는 질문에 자신의 자전거를 좋아하지 않는다는 응답은 자연스럽지 않다. • August 8월	① M: What's the date today? 　G: It's August 9th. ② M: What does she do? 　G: She's a police officer. ③ M: May I borrow your bicycle?	① 남자: 오늘 며칠이니? 　소녀: 8월 9일이에요. ② 남자: 그녀는 무엇을 하니? 　소녀: 그녀는 경찰관이에요. ③ 남자: 내가 너의 자전거를 빌려도 되니?

정답	스크립트	해석

• police officer 경찰관
• pretty 예쁜
• get up 일어나다
	G: I don't like my bicycle.
	④ M: What does she look like?
	  G: She's tall and pretty.
	⑤ M: What time do you get up?
	  G: I get up at 6:50.
		소녀: 저는 제 자전거를 좋아하지 않아요.
		④ 남자: 그녀는 어떻게 생겼니?
		  소녀: 그녀는 키가 크고 예뻐요.
		⑤ 남자: 너는 몇 시에 일어나니?
		  소녀: 저는 6시 50분에 일어나요.

05 ⑤ 여자아이는 5시에 자신의 친구를 만나기로 했다. • ready 준비된 • already 이미, 벌써 • o'clock ~시 정각 • finish 끝내다	M: Are you ready for your math lesson? G: Do I have a math lesson today? M: Yes. You have it at 3:30 today. G: I forgot about it. What time is it now? M: It's already 3 o'clock. G: I have to meet my friend at 5:00. Can I do that? M: Finish your lesson first, and then you can go.	남자: 너는 수학 수업 준비가 되었니? 소녀: 제가 오늘 수학 수업이 있나요? 남자: 응. 오늘 3시 30분에 있어. 소녀: 저는 그것을 잊었어요. 지금 몇 시예요? 남자: 벌써 3시야. 소녀: 저는 5시에 친구를 만나야 해요. 그래도 되나요? 남자: 먼저 수업을 끝내고, 그러고 나서 가도 돼.

 **FLY UP**

본문 132~133쪽

01 What day is it today? / 오늘은 무슨 요일이니?

02 Whose book is this? / 이것은 누구의 책이니?

03 Do you want some more? / 너는 좀 더 먹을래?

04 Can I drink some milk? / 제가 우유 좀 마셔도 될까요?

05 I'm making a fruit salad. / 나는 과일 샐러드를 만들고 있어.

06 I go to bed at 10:30. / 나는 10시 30분에 자.

07 That's a great idea. / 그것 참 좋은 생각이야.

08 It's across from the park. / 그것은 공원 건너편에 있어요.

09 He's in the garage now. / 그는 지금 주차장에 있어요.

10 It looks delicious. / 그것은 맛있어 보여.

 **SPEAK UP**

본문 134쪽

01 Do you want some more?

02 He's in the garden now.

03 It's across from the park.

04 What day is it today?

05 What's your favorite color?

06 Whose towel is this?

07 I go to bed at 10:30.

WARM UP

본문 135쪽

A
01 turn off, (전기 등을) 끄다   02 headache, 두통   03 runny nose, 콧물(이 흐르는 코)
04 tail, 꼬리   05 smell, 냄새를 맡다   06 hurt, 아프다   07 during, ~ 동안
08 sew, 바느질하다   09 difficult, 어려운   10 drop, 떨어뜨리다

B
01 tail   02 during   03 sew   04 smell   05 drop   06 headache
07 hurt   08 turn off   09 difficult   10 runny nose

LISTEN UP | JUMP UP

LISTEN UP   듣기평가 모의고사 10

본문 136~145쪽

01 ④	02 ④	03 ③	04 ③	05 ①	06 ④	07 ②	08 ②	09 ③	10 ④
11 ①	12 ①	13 ①	14 ②	15 ④	16 ②	17 ②	18 ②	19 ③	20 ④

정답	JUMP UP 받아쓰기(스크립트)	해석
01 ④ 도서관에서 남자아이의 휴대 전화가 울리자 전화기를 꺼야 한다고 말하고 있는 상황이다. • open 열다 • window 창문 • turn off 끄다	① G: Where is Jinsu? 　B: I have no idea. ② G: These are my new bags. 　B: They look <u>nice</u>. ③ G: Can you open the <u>window</u>? 　B: Of course. ④ G: You should <u>turn off</u> your phone. 　B: I'm sorry.	① 소녀: 진수는 어디에 있니? 　소년: 나는 모르겠어. ② 소녀: 이것들은 내 새로운 가방이야. 　소년: 그것들은 좋아 보인다. ③ 소녀: 너는 창문을 열어 줄 수 있니? 　소년: 물론이지. ④ 소녀: 너는 너의 전화기를 꺼야 해. 　소년: 미안해.
02 ④ 길을 묻고 답하는 대화는 ④이다. • noodle 국수 • umbrella 우산 • then 그러고 나서	① M: May I take your order? 　W: I'd like some noodles. ② M: May I borrow your <u>umbrella</u>? 　W: Sure. Go ahead. ③ M: Can I help you? 　W: I'm looking for some <u>shoes</u>. ④ M: Where is the ice cream shop? 　W: Go <u>straight</u> and then turn right.	① 남자: 주문하시겠어요? 　여자: 국수 좀 주세요. ② 남자: 제가 당신의 우산을 빌려도 될까요? 　여자: 물론이죠. 그렇게 하세요. ③ 남자: 도와드릴까요? 　여자: 저는 신발을 좀 찾고 있어요. ④ 남자: 아이스크림 가게는 어디에 있나요? 　여자: 곧장 가서 오른쪽으로 도세요.
03 ③ 아픈 증상을 말하고 약을 먹고 쉬라는 내용의 대화로 보아, 의사와 환자의 관계임을 알 수 있다. • headache 두통 • fever 열, 열병 • runny nose 콧물(이 흐르는 코)	M: Can I help you? G: Yes, please. I have a <u>headache</u>. M: Let me check. Oh, you have a fever. G: I have a <u>runny nose</u>, too. M: Okay. Take this medicine and get some <u>rest</u>.	남자: 도와드릴까요? 소녀: 네. 저는 두통이 있어요. 남자: 확인해 볼게요. 오, 당신은 열이 있어요. 소녀: 저는 콧물도 나요. 남자: 알겠어요. 이 약을 먹고 좀 쉬세요.

정답	JUMP UP 받아쓰기(스크립트)	해석

• medicine 약
• rest 휴식, 쉬다

04 ③ 남자아이는 치킨이 좋다고 했다.
• hungry 배고픈
• order 주문하다
• spicy 매운
• chicken 치킨

B: I'm very hungry. Let's order some food.
G: Okay. Do you want some *tteokbokki*?
B: No. I don't like spicy food.
G: How about fried chicken?
B: That sounds good.

소년: 나는 매우 배고파. 음식을 좀 주문하자.
소녀: 좋아. 너는 떡볶이를 원하니?
소년: 아니. 나는 매운 음식을 좋아하지 않아.
소녀: 프라이드치킨은 어때?
소년: 그거 좋아.

05 ① 어떤 사이즈를 원하는지 묻는 질문에 알맞은 응답은 ①이다.
• size 크기, 사이즈
• large (사이즈가) 큰
• expensive 비싼
• bigger 더 큰

W: What size do you want?
B: _____

① B: I want a large one.
② B: It's fourteen dollars.
③ B: It's too expensive.
④ B: My size is bigger than yours.

여자: 어떤 사이즈를 원하세요?
소년: _____

① 소년: 저는 큰 것을 원해요.
② 소년: 14달러예요.
③ 소년: 그것은 너무 비싸요.
④ 소년: 제 사이즈는 당신의 것보다 더 커요.

06 ④ 그림의 교실에는 많은 사물함이 보인다.
• math 수학
• classroom 교실
• movie director 영화감독
• locker 사물함

① G: I like math class.
② G: Where is the classroom?
③ G: I want to be a movie director.
④ G: There are many lockers in the classroom.

① 소녀: 나는 수학 수업을 좋아해.
② 소녀: 교실은 어디에 있니?
③ 소녀: 나는 영화감독이 되고 싶어.
④ 소녀: 교실에는 많은 사물함이 있어.

07 ② 두 사람은 여름 방학 계획에 대해 이야기하고 있다.
• summer vacation 여름 방학
• start 시작하다
• bike tour 자전거 여행
• visit 방문하다

G: Summer vacation starts next Friday.
B: Yes, I'm so excited.
G: What will you do this summer?
B: I will do a bike tour. How about you?
G: I will visit my uncle in Yeosu.
B: Have a good time.
G: You, too.

소녀: 여름 방학이 다음 주 금요일에 시작이야.
소년: 응, 난 매우 신나.
소녀: 너는 이번 여름에 무엇을 할 거니?
소년: 나는 자전거 여행을 할 거야. 너는 어때?
소녀: 나는 여수에 있는 삼촌 댁을 방문할 거야.
소년: 좋은 시간 보내.
소녀: 너도.

08 ② 두 사람은 체육관에 가서 배드민턴을 칠 것이다.
• gym 체육관
• badminton racket 배드민턴 라켓
• worry 걱정하다
• one more 하나 더

B: Where are you going?
G: I'm going to the gym.
B: Are you going to play badminton there?
G: Yes. Do you want to join me?
B: Yes, but I don't have a badminton racket.
G: Don't worry. I have one more.
B: Really? Then let's go and play together.

소년: 너는 어디 가고 있니?
소녀: 나는 체육관에 가고 있어.
소년: 거기서 배드민턴 칠 거야?
소녀: 응. 너도 나랑 같이 하기를 원하니?
소년: 응, 하지만 나는 배드민턴 라켓이 없어.
소녀: 걱정하지 마. 나는 하나가 더 있어.
소년: 정말? 그럼 가서 같이 치자.

09 ③ 그림의 동물 입장 금지 표지판을 보면 고양이를 데리고 들어갈 수 없다는 응답이 알맞다.
• bring 데려오다
• cat 고양이
• come in 안으로 들어오다

B: May I bring my cat?
W: _____

① W: Yes, you may.
② W: Yes, I like your cat.
③ W: Sorry. You may not.
④ W: Of course not. Come in, please.

소년: 제 고양이를 데려와도 되나요?
여자: _____

① 여자: 네, 돼요.
② 여자: 네, 저는 당신의 고양이를 좋아해요.
③ 여자: 미안해요. 안 돼요.
④ 여자: 물론 안 돼요. 들어오세요.

10 ④ Amy는 정원에서 꽃에 물을 주고 있다.
- water 물을 주다
- flower 꽃
- living room 거실
- garden 정원

W: Honey, did you see Amy?
M: Yes, I did.
W: What is she doing?
M: She's watering the flowers.
W: Is she in the living room?
M: No. She's in the garden.

여자: 여보, Amy 봤어요?
남자: 네, 봤어요.
여자: 그녀는 무엇을 하고 있어요?
남자: 그녀는 꽃에 물을 주고 있어요.
여자: 그녀는 거실에 있나요?
남자: 아니요. 그녀는 정원에 있어요.

11 ① 남자아이는 자신의 삼촌처럼 영화배우가 되고 싶어 한다.
- poster 포스터
- uncle 삼촌
- movie director 영화감독
- movie actor 영화배우

B: Look at this movie poster.
G: It is cool.
B: Yes. Do you know this man?
G: No, I don't. Who is he?
B: He's my uncle. I want to be like him.
G: Is he a movie director?
B: No. He is a movie actor.

소년: 이 영화 포스터를 봐.
소녀: 멋지다.
소년: 응. 너는 이 남자를 아니?
소녀: 아니, 몰라. 그가 누구야?
소년: 그는 내 삼촌이야. 나는 그처럼 되고 싶어.
소녀: 그는 영화감독이니?
소년: 아니. 그는 영화배우야.

12 ① 남자아이는 음악을 좋아한다고 말했다.
- Mexico 멕시코
- play the violin 바이올린을 연주하다
- favorite 가장 좋아하는
- subject 과목
- science 과학

G: Khan, where are you from?
B: I'm from Mexico.
G: What's your hobby?
B: I like to play the violin.
G: Do you like music?
B: Yes, I do. But my favorite subject is science.

소녀: Khan, 너는 어디서 왔니?
소년: 난 멕시코에서 왔어.
소녀: 너의 취미는 무엇이니?
소년: 나는 바이올린 연주하는 것을 좋아해.
소녀: 너는 음악을 좋아하니?
소년: 응, 그래. 하지만 내가 가장 좋아하는 과목은 과학이야.

13 ① 4개의 다리와 긴 꼬리가 있고, 배에 주머니가 있으며 높이 뛸 수 있는 동물은 캥거루이다.
- tail 꼬리
- jump high 높게 점프하다
- pocket 주머니
- belly 배

W: I am an animal. I have four legs. I have a long tail, too. I can jump high. I have a pocket in my belly. Who am I?

여자: 나는 동물이다. 나는 4개의 다리가 있다. 나는 긴 꼬리도 있다. 나는 높이 점프할 수 있다. 나는 배에 주머니가 있다. 나는 누구일까?

14 ② 여자아이는 자신의 파티에 남자아이를 초대하고 있다.
- Saturday 토요일
- should ~해야 한다
- by ~까지
- wait 기다리다

B: What will you do this Saturday?
G: I will have a party. Can you come to my house?
B: Sure. What time should I go?
G: Come to my house by 12 o'clock.
B: Okay. I can't wait.

소년: 너는 이번 토요일에 무엇을 할 거니?
소녀: 나는 파티를 할 거야. 너는 우리 집에 올 수 있니?
소년: 물론이지. 몇 시에 내가 가야 할까?
소녀: 12시까지 우리 집으로 와.
소년: 알았어. 기다릴 수가 없네.

15 ④ 시간표와 일치하는 요일과 과목을 확인한다.
- science 과학
- art 미술
- math 수학
- P.E. 체육

① B: We have a science class on Monday.
② B: We have an art class on Tuesday.
③ B: We have a math class on Wednesday.
④ B: We have a P.E. class on Thursday.

① 소년: 우리는 월요일에 과학 수업이 있어.
② 소년: 우리는 화요일에 미술 수업이 있어.
③ 소년: 우리는 수요일에 수학 수업이 있어.
④ 소년: 우리는 목요일에 체육 수업이 있어.

정답	JUMP UP 받아쓰기(스크립트)	해석

16 ② 여자아이는 감자 피자, 감자튀김, 콜라를 주문했다.
- order 주문하다
- potato pizza 감자 피자
- French fries 감자튀김
- else 또 다른
- cola 콜라

M: Are you ready to <u>order</u>?
G: Yes, please. I'd like a potato <u>pizza</u> and French fries.
M: <u>Anything</u> else?
G: I want a cola, too.
M: Okay. Thank you.

남자: 주문하시겠어요?
소녀: 네, 그럴게요. 저는 감자 피자와 감자튀김 주세요.
남자: 또 다른 것은요?
소녀: 저는 콜라도 주세요.
남자: 알겠습니다. 감사합니다.

---

17 ② 남자아이는 지금 공원에서 자전거를 타고 있다.
- ride a bike 자전거를 타다
- playground 운동장
- late 늦은
- should ~해야 한다

[Cell phone rings.]
W: What are you doing, Dennis?
B: I'm riding my bike.
W: Are you at the <u>playground</u> now?
B: No, I'm at the <u>park</u>.
W: It's getting late. You should come <u>home</u>.
B: Okay, Mom.

[휴대 전화가 울린다.]
여자: 너 무엇을 하고 있니, Dennis?
소년: 저는 자전거를 타고 있어요.
여자: 너는 지금 운동장에 있니?
소년: 아니요, 저는 공원에 있어요.
여자: 시간이 늦어지고 있어. 너는 집에 와야 해.
소년: 알겠어요, 엄마.

---

18 ② 남자아이가 국수를 먹어 보는 상황이므로 맛을 표현하는 응답이 오는 것이 알맞다.
- cook 요리하다
- kitchen 주방
- smell 냄새가 나다
- noodle 국수
- delicious 맛있는

B: What are you doing?
W: I'm cooking in the <u>kitchen</u>.
B: <u>Smells</u> good. What are you making?
W: I'm making <u>noodles</u>.
B: Can I try some?
W: Sure. Here you are.
B: _____

소년: 무엇을 하고 계세요?
여자: 주방에서 요리하고 있어.
소년: 좋은 냄새가 나요. 무엇을 만들고 계세요?
여자: 국수를 만들고 있어.
소년: 좀 먹어 봐도 돼요?
여자: 물론이지. 여기 있어.
소년: _____
① 그것은 매우 재미있어요.
② 그것들은 맛있어요.
③ 그것들은 비싸요.
④ 그것들은 탁자 위에 있어요.

---

19 ③ 남자아이가 다리가 아프다는 말에 유감을 나타내는 응답이 오는 것이 알맞다.
- go skiing 스키 타러 가다
- matter 문제
- right 오른쪽
- leg 다리
- hurt 아프다

G: I'm going skiing this Sunday. Do you want to join me?
B: I want to, but I can't.
G: What's the <u>matter</u>?
B: My <u>right</u> leg <u>hurts</u>.
G: _____

소녀: 나는 이번 일요일에 스키를 타러 갈 거야. 너는 함께하기를 원하니?
소년: 나는 그러고 싶어, 하지만 할 수 없어.
소녀: 무엇이 문제이니?
소년: 내 오른쪽 다리가 아파.
소녀: _____
① 문제없어.
② 그거 좋다.
③ 그것 참 안됐다.
④ 축하해.

---

20 ④ 방학 동안 한 일을 묻는 질문에 집에서 머물면서 영화를 보고 싶다는 응답은 알맞지 않다.
- vacation 방학
- exciting 흥미진진한
- go on a trip 여행을 가다
- festival 축제
- stay 머무르다

B: Did you have a good <u>vacation</u>?
G: Yes, I did. How was yours?
B: It was <u>exciting</u>.
G: What did you do <u>during</u> the vacation?
B: _____

소년: 너는 좋은 방학을 보냈니?
소년: 응, 그랬어. 너의 방학은 어땠니?
소년: 흥미진진했어.
소년: 너는 방학 동안 무엇을 했어?
소년: _____
① 나는 유럽으로 여행을 갔어.
② 나는 사촌과 함께 캠핑을 갔어.
③ 나는 문화 축제에서 많은 음식을 먹었어.
④ 나는 집에 머물면서 영화를 보고 싶어.

정답	스크립트	해석
01 ⑤ 남자아이는 숙제에 도움을 받기 위해 이모를 찾고 있다. • wait 기다리다 • help 도움 • need 필요하다, 해야 하다 • learn 배우다 • how to sew 바느질하는 법	B: Hi, Ann. I'm looking for Aunt Jessie. G: She's not here right now. B: Where is she? G: She's at the shopping mall. B: Okay. I will wait for her. I want her help. G: For what? B: I need to learn how to sew. That's my homework.	소년: 안녕, Ann. 나는 Jessie 이모를 찾고 있어. 소녀: 그녀는 지금은 여기에 안 계셔. 소년: 그녀는 어디에 계셔? 소녀: 그녀는 쇼핑몰에 계셔. 소년: 알았어. 나는 그녀를 기다릴 거야. 나는 그녀의 도움을 원해. 소녀: 무엇을 위해서니? 소년: 나는 바느질하는 법을 배워야 해. 그게 내 숙제야.
02 ⑤ 남자아이는 내일 가족과 할아버지 댁을 방문한다고 했다. • weekend 주말 • watch a movie 영화를 보다 • tomorrow 내일	G: Gary, did you enjoy the weekend? B: Yes. I watched a movie with my friends. G: How was it? B: It was great. What about you? G: I played a new computer game. Do you want to try it with me tomorrow? B: Sorry, I can't. I will visit my grandfather with my family.	소녀: Gary, 너는 주말 잘 즐겼니? 소년: 응. 나는 친구들과 영화를 봤어. 소녀: 어땠니? 소년: 좋았어. 너는 어때? 소녀: 나는 새로운 컴퓨터 게임을 했어. 내일 나와 한 번 해 보고 싶니? 소년: 미안하지만 할 수 없어. 나는 우리 가족과 할아버지 댁을 방문할 거야.
03 ④ 남자아이가 좋아하는 취미는 체스로, 재미있고 흥미롭다고 이야기하고 있다. • free time 여가 시간 • hobby 취미 • difficult 어려운 • interesting 흥미로운	B: What do you do in your free time? G: I usually read books. B: What's your favorite book? G: I like *Harry Potter*. Do you enjoy reading? B: No, I don't. My favorite hobby is playing chess. G: Isn't it difficult? B: No. It's very fun. Chess is an interesting game.	소년: 너는 여가 시간에 무엇을 하니? 소녀: 나는 보통 책을 읽어. 소년: 네가 가장 좋아하는 책은 무엇이니? 소녀: 나는 '해리 포터'를 좋아해. 너는 독서를 즐기니? 소년: 아니, 그렇지 않아. 내가 가장 좋아하는 취미는 체스를 하는 거야. 소녀: 그것은 어렵지 않니? 소년: 아니, 아주 재미있어. 체스는 흥미로운 게임이야.

04 ⑤ 직업이 무엇이냐고 묻는 질문에 영화를 본다는 응답은 자연스럽지 않다.
• grade 학년, 등급
• spell 철자를 말하다[쓰다]
• yours 네 것
• Jane's Jane의 것
	① M: Where are you from?
	   G: I'm from Australia.
	② M: What grade are you in?
	   G: I'm in the 5th grade.
	③ M: How do you spell your name?
	   G: K-E-L-L-Y. Kelly.
	④ M: Is it yours?
	   G: No, it's Jane's.
	⑤ M: What do you do?
	   G: I watch a movie.
		① 남자: 너는 어디에서 왔니?
		   소녀: 저는 호주에서 왔어요.
		② 남자: 너는 몇 학년이니?
		   소녀: 저는 5학년이에요.
		③ 남자: 네 이름의 철자가 어떻게 되니?
		   소녀: K-E-L-L-Y. Kelly예요.
		④ 남자: 그것은 네 것이니?
		   소녀: 아니요, 그것은 Jane의 것이에요.
		⑤ 남자: 너는 직업이 무엇이니?
		   소녀: 저는 영화를 봐요.

05 ① 여자가 떨어뜨린 열쇠를 남자가 주워서 주는 상황에 어울리는 대화는 ①이다.	① M: Excuse me. You dropped these keys.
	   W: Oh, they're mine. Thank you.
	② M: Where is the bus stop?
		① 남자: 실례합니다. 당신은 이 열쇠들을 떨어뜨렸어요.
		   여자: 오, 그것들은 제 것이에요. 감사합니다.
		② 남자: 버스 정거장이 어디인가요?

정답	스크립트	해석
• drop 떨어뜨리다 • key 열쇠 • bus stop 버스 정거장 • pass 건네다 • agree with ~에 동의하다	W: Go straight and then turn right. ③ M: Excuse me. Can you help me? W: Sure, I can. ④ M: Can you pass me the keys? W: Here you are. ⑤ M: They're very nice keys. W: I agree with you.	여자: 곧장 가셔서 오른쪽으로 도세요. ③ 남자: 실례합니다. 저를 도와주실 수 있나요? 　여자: 물론이죠, 가능해요. ④ 남자: 제게 열쇠들을 건네주실 수 있나요? 　여자: 여기 있어요. ⑤ 남자: 그것들은 정말 멋진 열쇠들이네요. 　여자: 저도 동의해요.

 **FLY UP**

본문 146~147쪽

01 What size do you want? / 당신은 어떤 사이즈를 원하나요?

02 Can you come to my house? / 너는 우리 집에 올 수 있니?

03 My right leg hurts. / 내 오른쪽 다리가 아파.

04 I like to play the violin. / 나는 바이올린 연주하는 것을 좋아해.

05 Where is the bus stop? / 버스 정거장은 어디인가요?

06 We have a P.E. class on Thursday. / 우리는 목요일에 체육 수업이 있어.

07 I don't like spicy food. / 나는 매운 음식을 좋아하지 않아.

08 You should turn off your phone. / 너는 네 전화기를 꺼야 해.

09 My size is bigger than yours. / 내 사이즈가 네 것보다 더 커.

10 I have a headache. / 나는 두통이 있어요.

 **SPEAK UP**

본문 148쪽

01 I have a headache.

02 I don't like greasy food.

03 Where is the subway station?

04 My size is bigger than yours.

05 Can you come to my house?

06 What size do you want?

07 What's the matter?

초등

영어듣기평가
완벽대비
Listen & Speak Up

5-1